职业院校"双师型"教师培养研究

方 莹 于尔东 陈晶璞◎著

燕山大学出版社
·秦皇岛·

图书在版编目（CIP）数据

职业院校"双师型"教师培养研究 / 方莹，于尔东，陈晶璞著. -- 2版. -- 秦皇岛：燕山大学出版社，2022.1
ISBN 978-7-5761-0304-5

Ⅰ. ①职… Ⅱ. ①方… ②于… ③陈… Ⅲ. ①高等职业教育－师资培养－研究 Ⅳ. ①G718.5

中国版本图书馆 CIP 数据核字（2022）第 009968 号

职业院校"双师型"教师培养研究
方莹 于尔东 陈晶璞 著

出 版 人：	陈　玉
责任编辑：	唐　雷
封面设计：	吴　波
出版发行：	燕山大学出版社 YANSHAN UNIVERSITY PRESS
地　　址：	河北省秦皇岛市河北大街西段 438 号
邮政编码：	066004
电　　话：	0335-8387555
印　　刷：	英格拉姆印刷(固安)有限公司
经　　销：	全国新华书店

开　本：	700mm×1000mm　1/16	印　张：	11.25	字　数：	170 千字
版　次：	2022 年 1 月第 2 版	印　次：	2022 年 1 月第 1 次印刷		
书　号：	ISBN 978-7-5761-0304-5				
定　价：	36.00 元				

版权所有　侵权必究
如发生印刷、装订质量问题，读者可与出版社联系调换
联系电话：0335-8387718

前　言

　　自 20 世纪 90 年代起，我国经济进入快速发展的轨道。尤其是近年来，经济发展模式转型加快，经济结构不断升级，随之而来的是社会对中高级技术技能型人才的需求不断增加，使得高等职业教育的规模急剧扩张。与此同时，教师专业化日益成为当今世界各国教师教育改革的基本目标，也是提高教育质量的重要途径。伴随新时期我国职业教育发展的迫切需求，职业教育领域的教师教育重要性也日渐凸显。与普通高等教育不同，高职教育的办学定位是"为生产、建设、管理和服务一线行业企业培养高素质技术技能型人才"，特有的办学定位和人才培养目标对从事高职教育的教师提出了"双师型"的要求。

　　理论上，高职院校的"双师型"教师必须既系统掌握与任教专业相关的理论知识，又了解专业对应的企业一线工作岗位群的任务和流程，具备岗位实际操作能力和技术应用开发能力，在向学生传授专业基本理论知识的同时，也能够指导学生开展实习实训。然而，当前我国高职院校教师以普通高校的应届本科毕业生或硕士研究生为主，他们普遍具备比较扎实的专业理论知识，但严重缺乏与专业相关的企业岗位工作经历，不具备岗位操作技能和专业实践教学能力。因此，加强高职教师的"双师"素质和能力的在职培养和培训是每所高职院校师资队伍建设的重要任务之一。

　　本书共分为八个章节。第一章，总体上论述了当前我国对于"双师型"教师培养的重要性以及回答了应从哪些方面去对其研究；第二章，客观地分析了当前我国"双师型"教师的培养现状，以便读者更好地把握我国"双师型教师培养"当下的困境和不足；第三章，主要阐述了"双师型"

教师的内涵，帮助读者对此研究主题有一个全面的理解；第四章到第七章，承接第三章的内容，系统地论述了相关内容、体系机制、培育方法，并从四个不同的方面对模式的建构进行了系统的分析，便于读者建立起一个关于"双师型"教师系统的理论框架结构；第八章，对"双师型"教师的策略和途径进行了全面的探讨，提出若干面向"建设数量足、质量高的高职'双师型'师资队伍"的可操作性建议。

  本书在撰写过程中借鉴并参考了一些专家和学者关于"双师型"教师培养方面的理论成果，在此深表感谢！虽已尽己所能，但因研究水平有限以及各种实际条件的限制，本书中难免会有疏漏或不足之处，敬请各位专家和读者批评指正。

方 莹

2019 年 2 月

目 录

第一章 绪论 …………………………………………………………… 1
第一节 研究意义 ……………………………………………… 1
一、理论意义 ……………………………………………… 1
二、实践意义 ……………………………………………… 2
第二节 研究内容 ……………………………………………… 3
一、"双师型"教师 ……………………………………… 3
二、双师素质与能力 …………………………………… 4
三、"双师型"教师培养 ………………………………… 4
第三节 研究方法 ……………………………………………… 5
一、访谈法 ………………………………………………… 5
二、观察法 ………………………………………………… 6
三、焦点团体座谈法 …………………………………… 7
四、文本分析法 ………………………………………… 7
五、问卷法 ………………………………………………… 8

第二章 职业院校"双师型"教师的培养现状 ……………… 10
第一节 职业院校"双师型"教师培养的困境 …………… 10
一、高职院校"双师型"教师培养方式的困境 ………… 10
二、高职院校"双师型"教师培养环境的困境 ………… 12
三、高职院校"双师型"教师培养中的个人困境 ……… 30
第二节 职业"双师型"教师培养取得成就与不足 ……… 43

一、取得的成就 …………………………………………… 43
　　二、存在的问题和不足 …………………………………… 46

第三章　职业院校"双师型"教师的内涵 …………………… 50
第一节　职业院校"双师型"教师的产生与发展 ………… 50
　　一、实体形态的"双师型"教师的演变 ………………… 50
　　二、观念形态的"双师型"教师的发展 ………………… 53
　　三、"双师型"教师未来的标准化走向 ………………… 57
第二节　职业院校"双师型"教师的概念 ………………… 58
　　一、职业学视域中的"双师型"教师：特定职业背景的教育者 58
　　二、技术学视域中的"双师型"教师：技术技能教育者 … 59
　　三、文化学视域中的"双师型"教师：职业文化传递者 … 60
　　四、知识学视域中的"双师型"教师：复合知识结构
　　　　的统合者 ……………………………………………… 62
　　五、复合视角诠释"双师型"教师：多重素质的职业技术技能
　　　　教育者 ………………………………………………… 63
第三节　职业院校"双师型"教师的人才特征 …………… 63
　　一、素质结构的复合性 …………………………………… 63
　　二、职业角色的专业性 …………………………………… 65
　　三、成长过程的实践性 …………………………………… 66
　　四、价值功能的应用性 …………………………………… 68

第四章　职业院校"双师型"教师的培育内容 ……………… 71
第一节　职业道德与工匠精神 ……………………………… 71
　　一、工匠精神的"双师型"版本 ………………………… 71
　　二、工匠精神与"双师型"教师培育内容的链接 ……… 74
第二节　职业院校"双师型"教师培育内容的夯基 ……… 77
　　一、着力促进专业成长 …………………………………… 77
　　二、构建自我监控体系 …………………………………… 83

第三节 职业院校"双师型"教师培育内容的深化 …………… 85
　　一、培育课程的开发与整合 ………………………………… 85
　　二、网络学习空间的构建与应用 …………………………… 87
第四节 职业院校"双师型"教师培育内容的渗透 …………… 90
　　一、"跨界"的培育路径 …………………………………… 90
　　二、"一体化"的培育取向 ………………………………… 93
　　三、"联合"的培育功能 …………………………………… 96

第五章 职业院校"双师型"教师的培育方法 …………… 98
第一节 强化培育意识 ……………………………………………… 98
　　一、突出培育核心内容 ……………………………………… 98
　　二、精心设计培育课程 ……………………………………… 100
　　三、充分发挥培育优势 ……………………………………… 101
　　四、建立健全激励机制 ……………………………………… 103
　　五、制订双层培育计划 ……………………………………… 104
第二节 优化培育环境 ……………………………………………… 105
　　一、拓展现代职业教育"双师型"教师专业成长空间 …… 105
　　二、拓展现代职业教育"双师型"教师培育过程空间 …… 107
第三节 拓展培育模式 ……………………………………………… 110
　　一、组建"双师型"教学团队 ……………………………… 110
　　二、推广现代学徒制 ………………………………………… 115
第四节 激活培育张力 ……………………………………………… 119
　　一、公开招聘人才 …………………………………………… 119
　　二、促进双向交流 …………………………………………… 121

第六章 职业院校"双师型"教师培养制度与机制研究 …… 123
第一节 职业院校"双师型"教师培养制度 …………………… 123
　　一、加强政策制度建设 ……………………………………… 123
　　二、巩固并拓展"双师型"教师培养途径 ………………… 125

第二节　职业院校"双师型"教师培养机制 …………………129
　　一、专业伦理与专业信念 ……………………………………129
　　二、专业知识 …………………………………………………131
　　三、专业能力 …………………………………………………132
　　四、专业实践 …………………………………………………135

第七章　职业院校"双师型"教师培养模式构建 ……………137
第一节　院校培养模式 …………………………………………137
　　一、明晰教育理念："双师型"教师发展是一个知识获得的
　　　　过程 ………………………………………………………137
　　二、课程设置与实施 …………………………………………138
　　三、培养途径 …………………………………………………140
　　四、质量保障 …………………………………………………141
第二节　校企合作培养模式 ……………………………………142
　　一、明晰教育理念：产学研相结合 …………………………142
　　二、定位培养目标：理实一体的复合素质 …………………144
　　三、整合化的课程设置与实施 ………………………………145
第三节　自主成长模式 …………………………………………145
　　一、明晰教育理念：自主实践反思的过程 …………………145
　　二、定位培养目标：可持续发展能力 ………………………147
　　三、课程设置与实施 …………………………………………149
　　四、培养途径 …………………………………………………150
　　五、质量保障 …………………………………………………152
第四节　文化生态模式 …………………………………………153
　　一、明晰教育理念："双师型"教师发展是一个文化生态过程 …153
　　二、定位培养目标：形成一种"双师"文化 ………………155
　　三、凸显"双师"文化的培养体系 …………………………157
　　四、培养途径 …………………………………………………158
　　五、质量保障 …………………………………………………160

第八章 "双师型"教师培养策略与途径探索 ·················· 162
  第一节 职业院校"双师型"教师培养策略 ·················· 162
  第二节 职业院校"双师型"教师培养途径 ·················· 164

参考文献 ·· 166

后记 ·· 169

第一章 绪 论

本章主要介绍本研究的选题背景，说明研究的理论意义和实践意义，梳理关于"双师型"教师培养的政策，界定本书中使用的主要概念，说明本书的思路和所应用的研究方法，并对本研究进行反思。

第一节 研究意义

本书以高等职业院校"双师型"教师在职培养为研究案例，尝试客观呈现"双师型"教师在职培养过程中面临的困境，研究成果具有一定的理论参考价值和实践指导意义。

一、理论意义

本研究在工作场学习理论和职业教育跨界理论的框架下，分析"双师型"教师在职培养的方式选择和环境构成，以组织防卫和组织困境的观点切入，探讨培养方式、培养环境和教师个人三方面困境的形成原因，并主要基于案例院校一线教师的视角，运用经验实证研究方法，了解组织和教师个体宣称的意欲遵行的关于"双师型"教师培养的理论，掌握和分析他们在组织和参加"双师型"教师在职培训以及开展实际教育教学活动时的观点和表现，推论他们在行动中实际使用的理论，分析他们语言表达的"信奉理论"和行动中应用的"使用理论"之间的偏差及其成因。本研究的理论意义体现在两个方面：

（1）应用有关人力资源管理理论、组织学习理论和教师发展阶段理论对"双师型"教师在职培养过程中呈现出来的问题和现象进行解释，有利于探究导致高职"双师型"教师培养困境的深层次原因，为政府教育主管部门和高职院校优化或完善"双师型"教师培养方案、设计培训项目提供理论支持。

（2）从多个方面入手，立体、全面地对影响"双师型"教师培养的因素进行历时和共时的综合调研分析，尝试提高和强化对"双师型"教师培养困境这一问题领域的研究力度和深度，丰富关于"双师型"教师培养研究的理论分析模式。因此，本研究对丰富现有的教师发展研究成果以及后续对"双师型"教师培养问题的研究具有一定的理论意义。

二、实践意义

高等职业教育是现代职业教育体系中不可或缺的一个环节，居于承上启下的中间位置，是提供加快经济发展转型升级所需的大量高素质技术技能人才的有力人力资源保障，也是加速形成我国高等教育普及化形势的重要措施。政府和社会对高职教育的重视程度日益增强，对高职"双师型"教师的数量增加和素质提升也愈加重视，各级管理部门和高职院校对"双师型"师资队伍建设都十分重视，采取了一些措施和手段培养"双师型"教师，但在培养的规划性、针对性和有效性方面面临着很大的改进空间。本书围绕高职院校"双师型"教师培养困境展开系统调研，了解教师在参与在职培训活动过程中的所思所想，试图发现"双师型"教师培养中面临的具体现实问题，并在此基础上提出相应建议，从而充实并加深对这一问题有兴趣的研究者、相关的政策决策者、管理者和行动者对"双师型"教师培养需求和培养效果的认识，为完善"双师型"教师培养的政策调整和方案制订提供可资参考的实证依据，为在职"双师型"教师培训方案的制订和优化提供启示，提升"双师型"教师培养培训成效，切实提高高职院校教师的双师素质和能力，进而提高高职院校的人才培养质量。因而，本研究具有较强的实践指导意义。

总之，本书积累了大量的关于高职"双师型"教师培养培训的第一手访谈、观察和文本资料。特别是运用工作场学习理论和组织防卫与组织困境理论，力求解释"双师型"教师在职培养成效不高背后的培养方式因素、培养环境因素、教师个人因素等，拓宽了"双师型"教师培养的研究领域，利于人们了解"双师型"教师培养困境的实质和困境产生的根源。

第二节 研究内容

一、"双师型"教师

"双师型"教师是指具备"双师"素质和能力的教师。在具有良好的教师职业道德、教育教学专业素质和专业能力的同时，"双师型"教师还应该具备认真的行业职业态度，掌握实践技能，并拥有实际操作层面的知识和能力。这一概念的提出是建立在实现职业教育不同于普通教育的人才培养目标基础之上的。

国内学者从不同的视角界定、阐释了"双师型"教师的内涵，如贺文瑾提出"双师型"的10种说法，包括"双证书说""双职称说"和"双来源说"等。肖凤翔"双师型"教师定义为具备基本的教育和职业工作素质，精通特定专业工艺原理具备专业实践能力，胜任教育和培训职业教育学习者任务的职业教育机构的教育者。研究者从不同角度切入，解读"双师型"教师的内涵，反映出"双师型"教师概念所指称对象的复杂性和多样性，也反映出职业教育教师群体在专业和实践能力方面的全面性和包容性。

二、双师素质与能力

素质与能力是指人们在从事某项社会实践活动时所应具备的两项基本条件。

从事教师职业的人，应具备相应的教书育人的素质与能力。教师素质指教师的专业素质或职业素质，包括教师职业道德、职业理想、职业技能等因素。教师能力也称教师专业能力，要求教师必须掌握相应的教师专业性知识，包括通识性知识、本体性知识、条件性知识和实践性知识。

"双师素质与能力"是我国根据职业教育与其他教育类型的不同，所设定的培养的目标，除了上述教师职业应具备的基本素质与能力外，对从事职业教育的教师专门提出的应该具备的特定专业素质和职业能力包括：与职业教育教学相关的实践能力，行业或职业岗位的专门知识和实践技能一定的科研能力和创新能力，一定的生产经营、技术应用、成果推广、组织管理和指导学生创业就业的能力和素质。

三、"双师型"教师培养

教师培养主要分为任职前和任职后所接受的教育和培训两个阶段。

"双师型"教师的职前培养指的是教师在任教于职业院校前，他们在职业技术高等师范院校、综合师范大学或综合性大学等高等教育机构中所接受的系统教育。职业教育教师相对于普通教育教师而言，其素质和能力有更多的构成成分和要素，他们除了需要系统掌握本专业的学科体系理论知识和一般的教育教学方法外，还需要掌握与专业相关的技能知识，具备一定的专业实践经验，即要集学术性、师范性和实践性于一体。然而，由于学生在高校修业的时间是有限的，很难保证这三种性质的知识与能力在在校学习时间内都能得到充分的培养。长期以来我国高等教育的目标一直倾向于培养学科专家型人才，所以即使是职业技术高等师范院校和一些综合型大学的职业教育学院，在职教师资的培养过程中，也往往采取强化学性、弱化师范性和实践性的培养策略，因职前培养在客观上和主观上存在的这些不足，职业院校对在职教师开展"双师型"培养培训就显得尤为重要和必要。

"双师型"教师的职后培养，也称为在职培训或教师继续教育，指入职后教师所接受的专业理论、职业教育教学理论、职业道德与教育政策、专业实践知识、实践教学能力等方面的在职学习和培训。职后培养是促进"双师型"教师素质与能力形成以及不断提高的重要形式，一方面，弥补来自高校的新入职教师缺少双师素质与能力培养的先天不足；另一方面，应职业教育要与瞬息万变的经济社会发展保持同步的要求，职业院校教师客观上也需要通过不断参加在职培养培训持续更新专业知识与专业技能，才能满足实现职业教育人才培养目标和提高人才培养质量的要求。"双师型"教师职后培养主要有校本培训、高校进修、国内外培训、企业实践、工作场学习等形式。本研究的内容聚焦于影响"双师型"教师职后培养的方式、环境和个人三个方面因素的调查与分析。

第三节 研究方法

本书按照个案研究的路径，以A省S学院为案例院校，主要应用质性研究方法和问卷调查法收集第一手研究资料，应用了访谈法、观察法、焦点团体座谈法、文本分析法和问卷法等具体方法。

一、访谈法

"访谈"是一种研究性交谈，是研究者通过与被研究者进行口头交流，达到收集第一手资料目的的研究方法，半开放性访谈是访谈法的一种类型，这种访谈方式一方面可以帮助研究者在一定程度上控制访谈节奏和内容，使得研究者能够围绕事先设计的访谈提纲进行访谈；另一方面又赋予受访者一定的主体性和自由表达的空间，激励他们积极参与。本研究采用半开放性访谈，了解受访对象对"双师型"教师培养的认识及对相关培养培训活动的意见、评价和期许。

二、观察法

本书中强调教师个体对"双师型"教师培养的看法和评价，访谈可以帮助我们了解研究对象的主观想法，但是要知道研究对象的主观想法和客观表现是否统一，还需要渗透到研究对象的教学和实践工作中去，观察研究对象的真实表现及其与他人的互动过程。观察法是人类认识所处世界的方法之一，也是开展科学研究的一种手段。观察法可以分为参与型观察和非参与型观察。

在参与型观察中，观察者（研究者）与被观察者（研究对象）生活工作在同样的环境中，研究者在与被研究者的密切接触中倾听和观察他们的一言一行，同时自己也亲身体验同样的经历，加深对被研究者的理解。这种研究的环境比较自然，一方面观察者可以具体感知观察所在地的社会文化现象，另一方面可以接触到被观察者的内部文化，加深对被观察者对其行为意义解释的理解。在本研究进行过程中，本书作者在2016年暑期，曾与来自全国各地其他高职院校的56位教师一起参加针对高职国际商务专业类教师开展的国家级"双师型"教师国内培训，与他们一起生活、学习、工作，对教师在培训活动过程中的言行和反应进行了参与式观察，近距离真实地观察他们对待培训活动的态度、投入的程度、成长的速度，感知活动的效度，撰写了详细的观察笔记，记录观察到的事实和相应的解释与分析，为研究收集、积累第一手资料。

观察法中的非参与型观察，也称为旁观观察，是一种在社会科学研究中经常采用的观察方法。其主要特征是观察者（研究者）不介入被观察者（研究对象）的生活和工作，不做语言上的交流与沟通，保持第三方及中立者身份，客观冷静地观察、分析研究对象的言行，获得第一手资料，或验证第二手资料和研究假设。本研究中的非参与型观察主要采取"随机听课"

的形式，深入研究对象实施教学的场所，或是观察理论课堂教学，或是观察实训室或实习基地的实践教学，观察研究对象在实际教学过程中"双师"素质或能力的体现、水平和应用，并做观察笔记，积累研究素材。本研究对12位专任教师的课堂教学过程进行了随机观察，整个研究过程中一共做了26次教学观察（其中包括7次对12位教师之外的其他教师的教学观察），并做了观察笔记和小结。观察笔记应用叙兹曼和施特劳斯提出的实地笔记、个人笔记、方法笔记和理论笔记四栏记录格式分别记录观察资料。其中，实地笔记记录观察过程中研究者看到或听到的事实，个人笔记记录研究者在实地观察时的感觉和所思所想，方法笔记记录研究者使用的具体观察方法及其所起到的作用，理论笔记则记录研究者在观察过程中即时形成的初步理论分析。

三、焦点团体座谈法

焦点团体座谈法是指在一个安全的、可接受的环境下为了解某个特定领域或研究者所关心的某个特定问题而精心设计的团体讨论。讨论通常是比较轻松的，使参与者能够毫无顾虑地表达他们的看法和意见，团体成员通过对意见进行回应和对其他人进行评论而表达观点并互相影响，目的是使研究者能够收集到尽可能充分、真实的信息。本研究针对国际商务类"双师型"教师国培项目活动，组织了1次焦点团体座谈，详细记录了讨论过程和内容。参与者为参加培训的10位高职教师，他们都是从事涉外类课程教学的一线教师，在培训项目结束后，进行了为时约1.5小时的自由交流和讨论，参与讨论的教师对培训模式、培训内容、培训方法、培训效果以及培训环境等畅所欲言，他们的意见和建议被应用到本研究的有关论述之中。

四、文本分析法

文本分析法是指从文本的表层入手，深入分析解读文本的内在含义，便于读者把握理解。本研究对通过访谈、观察等方法收集的信息形成的文本进行了分析，并收集了与"双师型"教师培养有关的各级各类政策文本，包括：S学院关于教师招聘、新教师培训的文件，学院转发的省级及学院自定的"双师型"教师评审、职称评审文件，学院关于教师校本培训的各种通知或公告等，利用这些文本中的一些信息结合研究问题对"双师型"教师培养中的一些现象加以解释；此外，还收集了案例院校的教学检查材料，如教师的教案、教师学期测评材料、学生对教师的评价意见、教师教科研成果汇总材料、教师参加培训后的总结汇报材料等资料，作为三角验证的材料，支撑研究结论。

五、问卷法

为了充实第一手资料，更好地呈现与研究问题相关的现状，本研究还采用了问卷调查法。问卷调查法是用问卷的形式间接搜集书面研究材料的一种方法。通过向接受调查者发送问卷，可以面向较大的研究群体短时间内集中获得与研究问题相关的基本情况及意见和建议等信息材料。为了更全面地了解"双师型"教师培养面临的困境，掌握"双师型"教师培养培训的一般情况，如教师来源、年龄结构、参加双师培训活动的动因、参培次数、培训活动类型和方式、培训内容、培训环境以及教师对最终培训效果的看法及评价等，研究设计了"高职双师型教师培养培训调查问卷"，面向较大范围的310位教师（S学院的大部分专任教师以及国内其他同类院校的一些教师），通过问卷调查采集支撑数据，并对数据进行统计分析，帮助了解高职院校"双师型"教师参加培养培训的一般状况及趋势，为"双师型"教师培养困境的分析提供数据支撑。必须说明的是，本研究设计的调查问卷是"嵌入式"设计，也就是说除了以具体数字和选项形式回答的问题外，问卷中还有少量必须以文字回答的问题和开放式问题，并在每个选择式问题下方留有一个文本框，供有意愿的调查对象充分表达自己对相应问题的观点和看法，补充说明数字或选项背后的事实或具体细节，弥补数字或选项过于笼统、缺乏个性化和针对性的缺点，这一部分事实上属于

"书面访谈"形式,对问卷中这些部分收集到的材料一并归于访谈资料,进行录入、编码和分析。

教育研究方法多种多样,在实际研究过程中,为实现研究目的、解答研究问题,可以组合运用多种研究方法进行资料收集、描述、分析和解释,以达到方法论上的适切性和设计上的弹性以及对情境的回应性。因此,教育研究可以根据研究需要,同时采用多种适合的研究方法,包括定量的研究方法、质性的研究方法、历史的研究方法或者比较的研究方法等,不一而足。对研究方法科学性的判断主要依据所用的方法是否适合回答研究问题,是否能够实现研究目的。

本书的问题是关于高职院校"双师型"教师培养的问题,旨在了解教师对"双师型"概念的认知及对自身双师素质和能力的评价,分析他们对成为"双师型"教师的意愿强度和内外部影响因素是什么,他们对自己身处的培养环境做何评价,他们参加"双师型"教师在职培训活动时面临的困境以及对相关培训活动效果的看法和评价等,通过对这些观点和看法的陈述与分析,形成相应的结论,最终目的是为高职院校"双师型"教师在职培养培训方案的制订和实施提供参考依据。因此,本书综合运用了上述各种研究方法,以求达到研究目的。

第二章　职业院校"双师型"教师的培养现状

为满足人才培养目标的要求，高职院校的"双师型"教师需要具备理论教学和实践教学双重素质和能力。要成为"双师型"教师，理论上来说，无论是职前还是职后，他们都需要接受某些特定方式的培养，高职教师的在职培养主要采取组织教师参加国家级培训项目、省级培训项目和校本培训项目三种方式。本章阐述 A 省高职教师入职条件、岗前培训及参加各级各类在职培训的条件、内容和形式等，结合访谈信息，具体分析高职"双师型"教师在职培养方式及其面临的困境和成因。

第一节　职业院校"双师型"教师培养的困境

一、高职院校"双师型"教师培养方式的困境

（一）高职教师先天不足的入职条件

在高职"双师型"教师培养培训调查问卷的第一部分中，收集了调研对象"双师型"培养基础及填写问卷时参研者的"双师情况"等基本信

息。在220位参研教师中，24人（约占11%）毕业于师范院校；196（约占89%）毕业于综合性大学；11人（占5%）有3年以上企业专职工作经历，并且企业工作基本都与现在从事教学的专业相关；54人（约占25%）有3个月以上（累计计算）的企业挂职或兼职经历，高职教龄平均约为16年；134人（约占61%）有职业资格证书，其中119人（约占54%）是自费参加社会考试获得，其余由参加会议培训获得；128人（约占58%）为省级"双师型"教师，其中初级38人、中级67人、高级23人。调查数据表明，高职教师中有企业经历的教师所占比例较小，企业工作时间短，大部分教师是高校毕业后直接入职，在职教师参与企业实践达3个月以上的约占1/4，"双师型"教师的认定也基本上是基于相关教师是否拥有职业资格证书。总体来看，目前在职的高职教师"双师"素质和能力的培养基础较薄弱，原因之一是对应聘高职教师职务者没有严格的"双师"条件要求。

（二）新教师专业实践教学能力培训缺失

新教师入职后，首先要通过全省统一的高校教师岗前培训为期15天的全日制脱产培训，培训结束后参加考核，合格者获得"岗前培训结业证书"。一年以后，教师持"岗前培训结业证书"申请认定教师资格，获得高校教师资格证书。高校教师岗前培训是各省教育主管部门贯彻教育部关于高校教师"先培训，后上岗"的有关规定，每年针对本省普通高等学校和成人高等学校新聘用的从事教育教学工作、具有本科以上学历的专任教师举办的培训活动，被视为高校教师队伍建设工作的基础环节和重要内容。根据2013年A省教育厅高校师资培训中心的有关文件，2013年的培训方式为校本培训和全省统一集中培训，校本培训主要开设校情、校史、校规讲座和名师示范教学观摩等内容，由各高校自行安排。S学院的校本培训一般为2天的集中培训，包括由校领导作2～3场专题讲座，主要相关职能部门负责人作关于人事管理制度、教学管理制度和学生管理制度的介绍和解说，优秀青年教师代表作经验交流报告，教学经验丰富的教师作说课讲解及示范说课和上示范课等内容。全省统一集中培训的内容包括通识培训和讲座两大部分，其中，通识培训部分包括教育学、高等教育心理学、高等学校教师职业道德修养和高等教育法规概述；讲座部分主要是关于高等学校教师教学科研方法的专题讲座。

高职院校新聘教师和入职培训环节缺失对"双师素质和能力"的要求是受主客观现实条件限制的结果，客观条件的不足主要体现在高职教育的社会认可度不高，高职教师职业的吸引力不大，难以招聘到来自行业企业有实际工作经验的高学历人才；主观条件的限制体现在教育主管部门和高职院校都从方便组织管理的角度，仅对新聘教师进行课堂式集中培训。尽管都清楚高职教师上岗前应该接受与专业相关的企业岗位工作能力的培训，但为避免个人或部门陷入尴尬、麻烦的境地，出于自我保护的目的而采取传统的、易于施行的集中学习和培训的方式方法，导致"双师型"教师专业实践能力的岗前培训缺失。对于这种培训结果，主管部门也只是打算采取"加些网课""教师自学"等单路径学习策略加以补救，而不是设法改变"指导行为的主导变量"，采取"对高职教师进行针对性培训"的双路径学习策略，着重强化高职新教师重视掌握专业实践技能提高专业实践教学能力的意识，却将加强双师素能培养培训的责任完全推给了社会和高职院校，其用于指导实际行为的使用理论偏离了最初"培养高职双师型教师"所应遵行的理论，为单方面保护自己的利益和"面子"，熟练地、习惯性地将不良结果归因于外界或他人，并且表现得若无其事，阻碍了人们对问题进行透明公开、诚实的探讨，使得不当的行为策略反复被应用，延误彻底解决问题、寻求适合提高教师岗前专业实践能力途径的可能性。

二、高职院校"双师型"教师培养环境的困境

（一）"双师型"教师培养的院校环境

1. 院校制度环境

"双师型"教师的培养是一个长期的过程，在这个过程中，建立相应的管理制度保证培养措施的落实和预期培养效果的达成是十分必要的。现实中，关系到"双师型"教师培养的制度环境仍有很多需要完善和改进的地

方,制度缺失、制度执行不力、有制度不执行或制度激励效果不够理想等情况依然普遍存在。

在 S 学院,目前还没有制定科学的"双师型"教师分阶段培养制度,基本上处于尽力"完成上级分配的培训任务"的初级阶段。没有充分了解教师的专业发展规律和阶段性需求,仅仅依靠行政命令,要求教师配合完成"培训任务",其实也是组织部门不作为、推诿责任和制造培养困境的一种防卫行为。如果要使培训项目得到合理的落实,需要管理人员在前期对学校的教师情况做好充分详尽的调查和了解,这势必会给他们增加不小的工作量,可能会造成管理部门内部工作上不好安排,而且在教师之间分配培训名额也可能会遇到很多冲突和矛盾。对可能出现的冲突和尴尬情形的假设,促使管理人员采取简单、易于控制任务执行的行政命令分配制度,导致管理人员采取单方面自我保护的防卫行为,这种行为使原本意图很好的调查结果显示出:目前高职"双师型"教师培训缺乏科学的分阶段、按需求培养培训项目,这给教师留下了不愉快的体验。

调查结果显示,在实施培训时,存在较大的盲目性和随机性,对于问卷中"院校安排的培养培训活动很适合您的需求"这一陈述,只有 1% 的教师认为"很属实",认为"比较属实"的也只占 6%,17% 的教师选择了"一般",认为"不太属实"和"不属实"的则多达 44% 和 32%。教师发展阶段理论认为,不同职业阶段的教师有着各自不同的专业发展需求,比如,Fuller 将教师发展分为四个阶段:教学前关注、早期生存关注、关注教学情境阶段和关注学生阶段;Burden 提出了教师生涯循环发展理论,他将教师发展分为存活期、调整期和成熟期三个阶段。高职院校"双师型"教师是教师群体的一个组成部分,它的发展也遵循教师职业生涯过程中必须经历的职前、职中和职后的一般规律,因此,负责师资培养的管理部门非常有必要根据"双师型"教师的不同发展阶段,了解教师的个体需求,制订合理的培养培训计划,为教师提供分类培养的机会,帮助教师解决职业发展中存在的实际问题。如对一些教师存在的动手操作能力差、企业工作经验缺乏等问题,要多通过企业实践和企业挂职的培训机会,提高他们的实践教学能力;而对一些理论水平或研究能力相对欠缺的教师,则要求他们参加高校进修或访学，为他们提供加强理论学习、观摩高水平教学和提高教科研水平的培养机会。

除了培训前要制定科学合理的分阶段、分类别的培养制度外，培训后对教师进行多元评价也是有效培训的重要环节。而访谈结果表明，S学院没有制定教师培训多元评价制度，对参加职后培训的教师没有进行严格的评价，有时候不对参训教师做任何要求，只要按时去参加培训即可；有时候只是要求参训教师提交一份书面的小结或汇报，师资管理部门对教师的培训表现和培训效果也没有任何反馈意见，或许有一个评价等级，但是多数时候教师并未被告知教师评价体系中主体多元化的评价非常有意义，尤其是教师的自我评价不应该缺位。自主决定理论认为当人们感知自己有自主权利（比如参与评价、有工作选择权等）的时候，他们会感觉到来自主管和同伴的信任和支持，因此会体验到更强的幸福感，对工作的投入更大，表现更佳，更加倾向于对特定工作任务全力以赴，努力提高工作绩效和工作满意度。高职教师具有明显的知识型员工特点，他们对自主决定权的主张如果不能得到满足，其不利的影响会很快显现出来，并直接反映在教育教学效果和人才培养质量上。更进一步来看，积极的自主决定感知能够提高员工的自我效能感，自我效能是个体对自身承担任务、完成任务和面对挑战时能否实现任务目标的能力感知，对特定任务的自我效能感知可以预测激励和坚持的程度，进而预测预期的绩效和成就。因此，赋予教师自我评价的权利，改变目前高职教师"被动接受评价"的地位，是体现尊重教师的自主决定权、提高教师自我效能感的实际行动，也是优化制度环境的"落地"举措。

在激励制度方面，虽然S学院制定了"双师型"教师培养管理办法、关于专业教师参加社会实践的规定、关于教师取得职业资格证书的奖励办法等制度，但却没有很好的落实。如制度规定，对在双休日和节假日参加企业实践的教师给予交通补贴和午餐补助；对取得高级、中级和初级职业资格证书的教师，分别给予2 000、1 500和1 000元的奖励，且不限次数，也就是说教师获得的职业资格证书越多，得到的奖励也越多。但在实际操作中，这些制度都没有很好的落实。访谈和问卷反映出来的事实是，企业实践没有补助或津贴，对考取职业资格证书的教师也没有发放奖金。

高职教育的发展实践表明，教师是提高职业教育教学质量和办人民满意的职业教育的关键因素，他们在无论是专业设置、课程开发，还是教学实施及媒体应用等决定人才培养质量的各个方面都起着举足轻重的作用。因此，高职院校加强制度建设，按照教师发展规律安排教师参加培训，多元化评价教师培养培训效果，对教师的投入与参与给予物质激励等，是克服高职"双师型"教师培养环境困境的有效手段。

2. 院校文化氛围

高职院校的组织文化氛围在"双师型"教师的培养中发挥着潜移默化的作用，因此，团结互助的院校文化氛围对教师培养有着十分重要的意义。院校如果形成了教师群体间开放合作的文化氛围，就会产生一种"学习共同体"的力量，对教师培养提供精神支持和外在推动力。同一所院校的教师虽然在很多方面有共同之处，但是每个教师的教学风格和优势各不相同，教师个体在知识结构、能力水平、思维模式、价值取向等方面还存在着较大差异。这些差异和不同便是一种宝贵的相互学习、相互影响的师资培养资源。

教师之间的交流与合作会促成新知识新方法的产生，同时促进教师反思自己的教学实践，使教师群体向积极的方向发展。相反，如果缺乏互帮互助的院校文化氛围，教师之间缺乏交流与合作，每个教师都是孤军奋战，那么，教师培养的整体效果和全体教师成长的速度可想而知是很慢的。因此，在"双师型"教师培养过程中，高职院校要积极创建良好的文化氛围，引导教师个体认识到自己的比较优势所在，根据年龄、特长、专业、学科等因素，指导教师差异化发展，形成教师群体间的优势互补，通过专家引领和同伴互助，在教师之间建立良性竞争与合作关系，促进教师之间的沟通交流，营造积极向上的组织文化氛围，提高教师培养的效率和效果。

然而，调查数据表明，高职"双师型"教师的合作互助环境目前还不令人满意，"双师型"教师的教科研共同体氛围尚未充分形成。问卷中，针对"在教学和参加活动时，同事之间互相帮助互相合作"这一陈述，2%的教师认为"很属实"，33%的认为"比较属实"，17%的选择了"一般"，而认为"不太属实"和"不属实"的教师分别占到27%和21%。虽然，教师在课程教学上也有集体备课、共建同一门课程的活动，但在一些有利益冲突的教科研活动中，更多的是各自为政。

S 学院的现象表明，专任教师之间、专任教师和担任行政工作又同时兼课的双肩挑人员之间在专业教学和研究方面的沟通合作关系并不十分顺畅，为了给自己在评职晋级时创造有利条件，教师彼此之间有防范和隔阂的心理，为避免当面发生冲突，教师采取了自我封闭和自我保护过度的行为，对一些可能令人难堪的问题和现象不加以公开讨论，表面上还要尽可能表现得若无其事，其实每个人内心都充满了困惑，这种文化氛围使问题得不到解决，加剧了教师之间的隔阂，对"双师型"教师的培养是十分有害的。

教师培养其实也就是教师在一定的环境中共同学习成长的过程。维果斯基的"社会文化理论"从个人学习的方面强调：学习除了个体的主观努力之外，还需要个体不断参与到社会的和物质的大的"文化"环境当中。维果斯基认为，人不能仅仅是被动地接受外部刺激的影响，更应该主动参与社会文化活动，这种参与过程能促进个体发展。在此基础上，恩格斯乔姆提出，学习不能只停留于个体层面，学习还关涉组织层面，人的学习和发展是个体与共同体互动的过程。如果教师个体感觉到自己被集体区别对待，无论这种差异是显性的还是隐性的，是有意的还是无意的，对教师个人的主动性和积极性都是不小的打击，会对教师的发展产生消极影响。

美国全国师资发展委员会（NSDC：The National Staff Development Council）在 2001 年将学习共同体理念纳入其修订后的全体教师专业发展标准之中。NSDC 学习共同体的标准表明："最为有效的教师专业发展方式是构建稳定的团队并定期相聚，最好是一周内多次举办以学习为目的共同备课及解决问题的活动。"这样的学习共同体能持续地为教师提供与同事们一起进行讨论、反思及实验的机会，能有效地推动合作及学习，教师能一起共同解决学生问题和探索改进他们自身教学实践的方法。从事高职教育的"双师型"教师，必须承担起教练、导师、引导者、合作者及技术倡导者的角色，帮助学生积累学术及技术知识，提升学术及技术技能，让他们能在 21 世纪的劳动力市场竞争中获得成功。为达到此目的，教师要同企业建立合作伙伴关系、与政府管理者协作、加强与家长及社团组织的联系及与同事进行合作，这些工作都要求教师具有合作技能及团队合作能力。因此，对高职院校"双师型"教师的培养要置于专业共同体的组织活动之中，如果说院校的制度环境对教师培养起着规划、规范、规制的刚性作用，那么院校的文化氛围对教师培养就起着柔性的"润物细无声"的作用，教师个人、群体和高职院校都应主动加强自我管理，克服自我防卫和自我封闭的防御性思维模式影响，努力为创建一个"以自我负责行为为荣的组织"贡献力量，帮助院校和专业组织构建出互动和合作的文化氛围，这些对"双师型"教师培养和院校的发展都是强有力的组织环境支持力量。高职院校在创设促进教师合作的组织文化氛围方面还需要投入更多的智慧。

3. 院校人际关系

相对于制度环境，积极的人际关系类似于良好的院校文化氛围，能够为"双师型"教师培养营造有利的外部条件。在高职院校内部的诸种人际关系中，师生关系是最基本也是对教师情绪影响最大的人际关系类型之一。正如教育家赞可夫所说："就教育工作的效果来说，很重要的一点是要看师生之间的关系如何。"良好的师生关系也是一种潜在的育人因素，所谓"亲其师而信其言"，师生建立友好融洽的关系不仅是促进和保证教学顺利进行的前提条件，也有利于增强教育的力量，提升教育教学效果。

良好师生关系的建立，要求教师在与学生接触的过程中，善于观察学生，了解学生的不同需要、学习特点和个性特征，然后有针对性地开展教育教学活动，因材施教。这样，在教学中师生就可以很好地配合，顺利完成教学任务，达到较好的教学效果。学生并不是良好师生关系的单方面受益者，教师从学生的成长成才中得到莫大的满足感和成就感，这也会推动教师更加热爱自己当下所从事的职业，从而能够主动、持久、自觉地提高作为教师应具备的素质和能力。从调研的结果看，高职教师与学生的关系总体上还是不错的，问卷中对于"您与学生相处融洽，互相尊重"这一陈述，17%和22%的教师选择了"很属实"和"比较属实"，48%的教师认为"一般"，而"不太属实"和"不属实"的只占11%和2%。

除师生关系外，同事关系也是影响教师工作热情的重要因素。对于

"在教学和参加活动时,同事之间互相帮助互相合作"的陈述,高达57%的"不太属实"的问卷调查结果表明:高职院校的同事关系还存在很大的优化空间。访谈时,教师的表述也印证了问卷数据反映出来的情况。因为同在一个组织或部门内部,同事之间难免会碰到一些机会、利益的竞争和冲突,为了保住自己和同事的"面子",人们往往不公开面对冲突,认为有所保留、隐瞒自己真实的想法和感受是有必要的,坦诚、透明地公开讨论矛盾,可能会导致威胁性和令人难堪。虽然人们表面上竭力避开或掩盖冲突,却在私底下向上级或其他人"吐槽",尤其我国是一个特别讲究"留面子"的人情社会,由这种防御性推理模式主导的行为更容易造成表面上的"一团和气",实际上却存在着严重的人际隔阂和人际困境,这种关系在高职院校的同事之间也是司空见惯的。

如果没有良好的组织文化氛围,没有领导和同事之间的协调和协商,教师容易陷入细必较的困境,不能形成既有竞争又有合作的良好组织氛围。这种紧张不友好的同事关系会让身处其间的每个教师都承受着较大的心理负担和压力,引起不愉快的情绪体验,甚至导致职业倦怠,给教师培养和教师发展带来很大的负面影响。因此,一方面院校管理层要注意教师团队成员的合理搭配,形成优势互补的教学团队,要努力为教师个人成长创造多种机会;另一方面,教师个体也要加强个人修养,克服自身的过度防卫心理,端正"得"与"失"的观念和态度,保持平和的心态,学会善于与同事建立健康的人际对话关系,形成积极的同事关系,这样既有利于学校各项活动的组织与开展,也有助于教师个体与群体的共同成长与进步,创设多赢、共赢的和谐局面。

由于教师职业和工作形式的特殊性,教师的社交圈相对封闭,基本上限于同学、老乡、同事等人际关系,学校内的人际关系占据了主导地位,与社会其他成员的人际互动非常有限。由于客观上的经费、条件的限制和主观上的自卑感和缺少积极性,高职教师在与学术研究能力较强的普通高校的同行和社会相关行业人士的交往方面显得尤为缺乏。高职教师社会交往的狭窄性不利于对教师能力和素质的培养,校方和高职教师本人应多寻求参与各种学术活动以及参加行业企业活动的机会,形成高职"双师型"

教师发展的社会人际关系支持系统，既能扩大教师自身视野，满足归属感的需要，又能促进"双师型"教师成长的社会化过程。

综上所述，教师个体与周围人际环境的互动是影响"双师型"教师培养效果的一个重要因素，教师一方面要适应人际环境，另一方面要将人际关系中的积极因素加以充分利用，尽量减少和克服环境中的消极因素，构建适宜于自身生存和发展的良好人际关系环境。

（二）"双师型"教师培养的企业环境

1. "双师型"教师培养企业实践的意义和现状

高职教育是跨越了"高等教育"和"职业教育"、跨越了"学校"和"企业"的跨界教育类型，"双师型"教师是高职教育质量的保障，高职"双师型"教师的在职培养必然不能囿于高校的院墙之内，去企业的工作场所实地观摩、操作、参与问题解决等是必不可少的"双师型"教师培养环节。高职"双师型"教师整体质量不高，主要体现在教师的理论教学能力和实践教学能力不均衡，因企业实践工作经历缺乏或不足而造成专业实践教学能力不强。为扬长避短，教师在教学过程中普遍偏重理论讲授，教学模式偏向自己习惯和适应的学科体系教学模式，背离了高职教育应遵循的培养学生企业实际岗位工作能力的教学要求。解决这一问题的唯一途径是提高高职院校教师自身的专业实践教学能力，这要求企业要参与"双师型"教师的培养，为教师企业实践提供条件，提高教师的双师素质和能力。Billet 认为，认知结构是在社会环境中建构和发展的，社会情境中的真实任务为知识的建构提供了平台。"双师型"教师要补齐自身专业实践能力不强的短板，就必须要到企业——这个能够提供真实实践任务的工作场所和社会情境中去学习，才能建构自己的专业实践知识体系和岗位操作技能，补齐自身专业实践教学能力弱的短板。为解决高职"双师型"师资质量不高、教师专业实践技能低和培养的学生不能满足企业用人需求的难题，政府有关部门在颁发的关于职业教育的各个文件中也多有提及，并给出指导性或规定性意见和解决办法。

2."双师型"教师培养企业环境困境的表象

在高职院校"双师型"教师培养中,企业环境困境的表象主要体现在参与企业少、专业覆盖面不广和教师实践不能深入等几个方面。

(1)参与"双师型"教师培养的企业数量严重不足

目前我国高职院校总数已达 1 300 多所,A 省也是职业教育大省,有高职院校 70 多所,以每所院校平均拥有 200 名专任教师计算,A 省高职院校专任教师至少达 14 000 人。2016 年省级培训计划中参与 A 省高职院校企业顶岗培训项目的企业有 11 家,意味着每家企业至少要接纳 1 270 多位教师顶岗培训,即使在 5 年内分批完成,每家企业每年要接纳至少 254 名教师,这对企业来说是不小的负担。而教师的顶岗培训,通常是在暑期集中安排,考虑到企业的承受能力,实际上能够参加企业顶岗培训的教师数量很少。所以,参与"双师型"教师培养的企业数量严重不足,制约了高职教师专业实践能力的培养和提高。

(2)企业顶岗培训项目的专业覆盖面严重不足

高等职业教育是应社会经济发展的需要而设置或动态调整专业的,涉及理工、农、医、商等行业大类,专业多而广,如 S 学院目前在计划内招生的专业就有 43 个,往往一个专业下面还设有若干专业方向,有效的教师企业培训就需要各行各业的企业提供相应的对口工作岗位。这种"粗放型"的企业实践安排导致培训针对性不强、效率低、效果不好。

(3)企业提供的培训模式和内容过于简单

基于工作场学习理论提出的"产教融合、校企合作、工学结合、知行合一"的高职办学模式符合职业院校发展的内在规律,职业院校的"双师型"教师培养必须给教师提供深入行业企业一线观摩和实践的机会。根据工作场学习理论,"双师型"教师的专业实践能力培训应该在企业工作场所中开展,包含正常工作条件下的在职在岗训练和工作过程之外的岗位现场训练。企业工作岗位操作技能具有隐性和默会性的特点,要领会并掌握这些无法言传的岗位工作技巧,要求"双师型"教师要亲自参与真实工作过程,在富有经验的企业团队成员直接指导下开展实际工作,在企业工作场所中形成专业实践能力,并不断地由低级向高级逐渐递进,这显然需要较为长期地、真实地参与企业实际工作。而面向高职院校教师的企业实践项目往往采取参观生产现场或观摩管理工作岗位，举办讲座集中介绍企业发展历史、企业文化、企业产品和企业未来规划等形式，参训教师基本停留在"看"和"听"的状态，"做得少，问得浅"，见过企业专家或一线人员如何操作，但亲自上手的机会几乎没有，这种参观、听介绍式的培训模式，表面化、肤浅化的培训内容，对于有着一定的专业理论知识基础的高职教师来说，可能会进一步加强他们"说"的能力，却不能掌握隐含在表象下面的娴熟的操作技能，使得他们仍然缺乏"做"的能力，达不到真正培养和提高双师教学能力的培训目标。

3. "双师型"教师培养企业环境困境的成因

在"双师型"教师培养企业环境困境的三类表象中，表象一是表象二和表象三的因果逻辑起点，即造成企业顶岗培训项目的专业覆盖面不足和企业提供的培训模式及内容简单的根本原因是愿意参与"双师型"教师培养的企业数量严重不足。那么，又是什么原因导致众多企业不乐于参与高职院校"双师型"教师培养呢？通过归纳文献调研和访谈资料，笔者认为主要有以下两点成因。

（1）企业和高职院校资源依赖程度不对等

组织社会学的观点认为，企业和高职院校是两类完全不同的社会组织，彼此之间可能会形成资源依赖关系，存在相互合作的可能。海纳特指出，合作的各方在资源或技术等方面的差异是达成合作联盟的基础。合作的类型有规模型战略联盟和链式战略联盟两种：规模型战略联盟是指合作各方提供相同的资源或技术技能，通过战略联盟壮大彼此的实力，如共同开发新产品、开拓销售新渠道等，形成强强联合的局面；链式战略联盟是指合作各方提供具有互补性的资源或技术技能，通过链式组合，采用以强补弱的形式，弥补彼此在某些方面的劣势，形成优势互补的局面，如A组织利用B组织的技术技能人才，B组织使用A组织的设备或场地等。高职院校在培养"双师型"教师时希望得到企业的配合，逻辑上是认为自身能够与企业建立一种链式的战略联盟。因为从理论上说，企业和高职院校存在着资源配置上的互补性，高职院校希望利用企业工作岗位为"双师型"教师培养提供专业实践场所，高职教师利用企业的专业技术人员培训掌握实践技能，以提高教师的专业实践教学能力；而企业希望高职院校能为他们提供适合需求的毕业生成为新员工或后备人才，希望利用高职教师的理论知识和研究能力帮助培训企业员工、促进企业开展改革或研发、解决生产管理中的实际问题、提升企业管理或生产绩效等。因此，这些互补性资源能否有效整合，决定着校企合作培养"双师型"教师能否顺利进行，而其中起决定作用的因素是高职院校资源配置的实际情况，只有当高职院校自身所具备的资源足以令企业对其产生依赖感，企业才会愿意通过资源互补的链式战略合作联盟的方式与其建立合作关系，校企合作培养"双师型"教师才可能具有可行性和持久性。当双方的资源依赖程度呈现较为严重的不对等状况时，即当高职院校在"双师型"教师培养的过程中对企业的资源依赖性很强而企业对高职院校的资源依赖性很弱时，那么高职院校希望企业合作培养"双师型"教师的要求往往会面临难以克服的困境。

高职院校的毕业生都是二十出头的年轻人，对于他们来说，"年轻就是资本"，稳定性不是他们的首选，"跳槽""炒老板鱿鱼"是大部分刚走向社会的高职毕业生的就业常态；而对于企业来说，员工的频繁流动给他们增加了招聘、培训和管理成本，也严重影响生产经营。因此，他们更倾向于选择有"工作稳定"要求的应聘人员，对于企业来说，任何新入职的员工，无论是学校的毕业生还是在社会上有过工作经历的人员，都不能直接上岗，都需要培训，企业自然倾向于招聘有可能长期留任和忠诚度高的人员。

除了毕业生资源不可依赖之外，企业对高职院校教师的研发和员工培训能力也颇为失望。高职教师主体是硕士研究生，随着我国研究生招生规模的扩大，有些高校研究生的培养质量也不尽如人意，硕士研究生的培养质量相对于扩招之前大幅下降。因此，大部分高职教师虽然有一定的研究能力，但也并不是很突出，加之对企业的产品、生产过程、市场等并不了解，所以在帮助企业搞研发设计、产品开发等方面作用不大；培训企业员工时，理论不能联系实践，也难以帮助企业解决遇到的实际技术和经营问题。毋庸置疑，高职教师的学习能力和研究能力总体高于企业的一般技术人员和管理人员，如果能够长期浸润于企业的工作环境，在熟悉和充分掌握了专业岗位的操作技巧后他们应该能够为企业的管理效率提升和技术革新做出贡献,这可能需要 2～3 年的时间。但是,高职教师在企业的培训时间往往较短,只是了解了一点工作流程或简单的操作,不能满足企业促进技术研发的要求。

在企业和高职院校的合作中,双方都明显感觉到资源依赖程度的不对等,高职院校对企业资源的依赖程度大大强于企业对高职院校的依赖程度。不相称的资源依赖程度必然导致"校热企冷"和企业合作的不深入、不全面、不可持续,而且依赖程度弱的企业参与培养职业院校教师的热情越来越低,即使有少数企业出于社会责任感、照顾私人关系或其他物质或精神的原因还愿意接纳高职教师企业实践,但相对于数量众多的高职教师群体的要求来说,少数企业的接纳无异于杯水车薪。

(2) 企业与高职院校的利益诉求不一致

高职"双师型"教师培养企业环境困境的另一个成因是企业和高职院校的利益诉求点不同。高职院校属于高等教育的范畴,具有准公共产品的属性,它的主要功能是为社会培养有用的人才,是育人的机构,更看重公益性和社会长远利益。如以学生在企业实习为例,学校的愿望是把企业当作一个大课堂,学生最好能在企业的每个部门里、每道工序上都实习一下,以了解、掌握更多更全面的操作知识和技能,不求短时间内达到熟练,但求事事有所了解。而很多企业并不愿意这么安排学生实习,他们希望实习的学生最好尽快熟悉一个岗位、一道工序,然后就能承担这个岗位的实际工作,尤其是在用工旺季,实习的学生就可以作为廉价劳动力以解燃眉之急,这是不少旅游或酒店服务性的企业和流水线生产的制造类企业愿意大量接纳职业院校学生实习的心理和行为逻辑。这是因为企业的本质属性与高职院校不同,企业的目标是盈利,不是育人,企业追求产出大于投入,看重经济利益的获得,以赚取利润为主要目的。如果一家企业长期处于亏损的状态,并且也看不到扭亏为盈的希望,那么这家企业也就没有生存的空间,更没有存在的价值和意义。在安排学生实习时,如果校方或政府不能支付企业阶段投入的成本费用,要求企业安排学生轮岗实习,心甘情愿地配合学校,以培养学生全面的技术技能,的确也是勉为其难。对学生实习的态度反映出企业与高职院校利益诉求的分歧，在接纳教师企业实践方面，也存在同样的问题，其内在逻辑是相同的。

在高职院校要求企业合作培养教师时，就是出于尽快地强化教师的专业实践能力，然后尽快回到学校教书育人的目的。因为高职教师数量不足和日常教学和管理工作较繁重，本身具备较强的双师素质和能力的教师不一定有机会被派往企业进行更深入的实践，被派往企业实践的大多数是没有或很少有企业工作经历的"青椒"教师，其动手操作能力并不一定比实习学生强。在安排教师企业实践时，企业被看作是"铁打的营盘"，高职院校需要尽快了解和掌握专业实践技能的教师分期分批送到企业实习，希望他们经过短期的见习或观摩，了解一定的实践技能后立即回到学校任教。囿于不充分的办学经费，院校往往不会向企业支付或仅仅支付很少的培训费用，而是更希望依托政府举办的项目培训教师，由政府支付较大比例的培训费用，这样的项目虽然有，如省培、国培项目中的企业顶岗实习或挂职项目，但分配到各校的名额往往是非常有限的，而且专业覆盖面也不能满足高职院校的需求。

高职院校安排教师企业实践的愿望是美好的，是实现提高高职教育人才培养质量目标的必然选择，是高职"双师型"教师培养和发展的必由之路；从社会道义上看，企业也应该承担合作培养"双师型"教师的责任，而企业追求利益最大化，追逐盈利，这本身也是无可厚非的，在维护自身利益、不违反法律法规的前提下，推卸一些他们认为是"负担"的要求似乎也无可指责。在参与培养"双师型"教师的活动中，存在企业的利益诉求不能被满足的情况，如企业希望招聘到合格的高职毕业生，而高职院校培养的学生不符合企业需求以及企业在管理和硬件设施等方面投入的多、获得的少等现实困境，使得校企合作培养"双师型"教师陷入了一种"悖论"：适合企业需求的高职学生必须由"双师型"教师培养→企业不积极参与培养"双师型"教师→高职院校缺少足够多的、名副其实的"双师型"教师→高职院校培养不出适合企业需求的毕业生→企业招聘不到合格的高职毕业生→企业接纳高职教师实践的动力不足。

当然，不可否认，在经济活跃的大中小型服务类、制造类和信息产业类企业众多的地区，也有一些校企合作颇为成功的高职院校"双师型"教师素质较高，如深圳职业技术学院、杭州职业技术学院、苏州工业园区职业技术学院等，但是，相对于全国1300多所高职院校，他们只占较小的比例，绝大多数的高职院校由于上述两种原因，在培养"双师型"教师时，来自企业的支持还是非常缺乏的，"双师型"教师培养面临着较为严重的企业支持不足的困境。目前，我国大多数的高职院校的校企合作都存在合作面窄、合作形式单一、合作重形式轻内容、能够开展深度合作的企业数量少、提供给教师的企业实践机会少以及缺乏能够持久而稳定的合作基础等问题。如何改善高职院校与企业之间的这种不对等的资源依赖结构，提高企业对高职院校的资源依赖程度，如何弥合高职院校和企业利益诉求上的差异，是未来高职院校在加强校企合作培养"双师型"教师时需要着重解决的问题。

（三）"双师型"教师培养的社会环境

社会环境指的是人们所处的社会政治、法制、经济、科技和文化等诸种环境构成的社会宏观因素的集合。社会环境的构成成分多而杂，但针对培养"双师型"教师而言，它主要是指社会对待高职教育的态度，即高职的社会地位对高职教育和高职教师专业发展的影响。

1. 社会地位对高职教育的影响

一种行业或职业的社会地位可以从它所处的社会氛围中体现出来，良好的社会氛围是保障教育活动和教师培养活动得以顺利开展的必要条件。从政策层面来看，高职教育受到了政府高层的高度重视，近些年相继出台了一系列的文件，大力推动高职教育的发展，如《高等职业教育创新发展行动计划（2015—2018年）》《国务院关于加快发展现代职业教育的决定》等，高职教育被定性为"我国高等教育系统不可缺少的组成部分"，是一种高等教育和职业教育相结合的高等教育类型。在当前新常态经济发展的宏观背景下，高职教育的发展潜力愈显巨大。高职教育的招生规模已经超过全国高等教育的一半，肩负着为经济社会发展培养高素质技术技能型人才、把我国的"体力劳动人口红利"变为"技术技能人才红利"的重大使命，在促进经济社会的发展中起着举足轻重的作用。近年来，在加快建设现代职业教育体系的导向下，高职教育的客观价值取向和独具特色的类型特点更加突出，高职教育"是一种教育类型，不是低层次的教育"的社会观念正逐渐形成。总体来说，高职教育的潜力正在被触发，职业教育的地位正在不断提高，中央、地方和院校各级管理部门对职业院校的师资队伍建设越来越重视，为"双师型"教师的培养制定了明晰的实施指导意见，明确了实施路径和时间安排。可以说，我国经济发展的宏观要求和政府营造的政策背景十分有利于高职教育发展和"双师型"教师培养。但是，我国长期形成的"学而优则仕"的传统观念制约了高职教育的发展，使"双师型"教师的培养也面临着一些社会环境困境。理论上高职教育发展势头较好，然而，现实中高职教育尚未得到社会，尤其是广大考生和家长的充分认可。由于受"劳心者治人劳力者治于人"等传统观念的影响，"劳动光荣、技能宝贵、创造伟大"的时代风尚还没有真正形成，"大国工匠"的概念推出的时间还不够长，"工匠精神"的培育还需要假以时日。高层不断推出的"大力发展职业教育"的政策文件所宣传的"信奉理论"和现实中与人们实际需求息息相关的行为规则所反映出来的"使用理论"之间存在较大偏差，这种偏差是社会上普遍存在的"言行不一"现象的根源。客观上，一方面政府以文件形式不断强调发展职业教育的重要性；另一方面，与普通高等教育相比，高职院校在招生、录取、升学、就业等环节的政策劣势并没有从根本上好转，致使很多人坚定地认为高职教育不能与普通高等教育相提并论，学生和家长对职业教育的偏见还没有消除，这些主客观因素强化了社会认为高职教育为"末流的高等教育"的偏见，造成了高职"双师型"教师培养的社会地位困境。

除了招生时呈现出来的较低的社会地位，高职毕业生就业时的处境也比较尴尬。很多用人单位的招聘条件明确要求"本科学历以上"，政府部门招考公务员时也要求有本科以上学历，可预期的低层次就业进一步削弱了高职教育的社会地位。在这样的社会现实环境中，"望子成龙，望女成凤"的中国传统观念自然使得学生和家长把高职教育归于"不入流的高等教育"。

2. 办学质量对高职社会地位的影响

与普通高等教育相比，高等职业教育的发展历史不长，办学质量还没有得到社会认可。20 世纪 90 年代末，为了推进高等教育大众化，除了本科扩招，政府还大力推动高职院校的兴办和扩张，显示出了一定的盲目性。在对高等职业教育人才培养目标的特殊性和高职院校专业设置的合理性等方面缺乏充分调研和严谨论证的前提下，短期内成立了成百上千的高职院校，导致了高职教育规模扩张快、内涵发展不足、办学质量不高的后果，进一步弱化了高职教育的社会地位。

大力兴办高职院校的初衷是为了适应地方经济快速发展的需要，培养适应地方行业企业需求的高级技术技能型人才。然而，不少高职院校对院校所在地方经济构成和人才需求状况缺乏全面系统的考察，在专业建设上仅仅依靠对其他院校的简单模仿，匆忙上马门槛低的专业类型，造成很多高职院校专业结构同质化现象重，体现不出地方特色和院校特色。

由于缺乏市场调研，部分高职院校制定出来的专业人才培养方案对人才市场的需求预测不准确，导致相同或相近专业的高职毕业生供大于求，加剧了就业市场的竞争。同时，有些高职院校热衷于不断扩大招生规模，却不关注同步完善基本办学条件，很多高职院校"双师型"教师数量不足、质量不高，学生严重缺少教学和实习实训场所，有些专业不得不依旧按学科性教育运行方式，把高职教育办成本科教育的"压缩饼干"，培养过程仍以课堂教学和理论知识讲授为主，不顾高职教育要求重视学生"岗位工作能力"培养的特点，弱化实践教学环节，导致培养出来的学生动手操作能力不强，职业素质不高，社会适应性差，就业竞争力低，不能满足用人单位的需求。

由于专业举办的盲目性、缺乏合格的"双师型"师资及充足的教学实习实训条件，高职院校培养的学生与地方企业对人才类型、数量和质量的要求存在着相互脱节的现象，导致高职学生普遍找不到专业对口的岗位，只能在劳动密集型的服务性低端市场寻找工作，毕业生就业质量和就业对口率低，给社会留下高职教育教学质量差的印象，形成了难以消除的"高职办学质量不高"的社会观点，削弱了高职教育的社会竞争力和吸引力，进一步降低了高职教育的社会地位，加剧了高职"双师型"教师培养的社会环境困境。

进入21世纪以来，教育部开始加强对高职院校办学水平的评估，目的就是要优化高职院校办学的基本条件，倡导内涵式发展，提高办学质量。

在政府部门的主导下，各高职院校开始注重提高教育教学质量，设法打造专业特色，强化专业精品意识，如S学院2016年开始采取末位淘汰制，对报考率和就业率排名在后10%的专业实行限制招生或停止招生，计划逐渐将现有的40多个专业压缩到30个左右，决心遵循职业教育的发展规律，探索"小而精，精而强"的特色发展之路，努力提高办学质量，不断提升学校的社会地位和院校竞争力。虽然高职院校提高自身社会地位的诉求强烈，但长期积累的办学条件、师资困境等问题和不容乐观的社会大环境，也是短期内不易克服的障碍。

3. 社会环境对高职院校教师心理的影响

社会的偏见、各级管理部门对于扶持职业教育的政策落实不到位，以及高职院校自身办学质量不高等深层次问题，使得高职"双师型"教师培养面临社会环境不良的困境，很大程度上影响了"双师型"教师培养的效果，也构成了"双师型"教师的职业压力。调查问卷中，对于"您认为高职教师的社会地位如何"这一问题，选择高职教师社会地位"很高"选项的为0，选择比较高的仅占1%，选择"一般"的为37%，几乎六成（占58%）的教师选择了"比较低"，还有4%选择了"很低"。这些数据表明了高职教师感知到的自身社会地位与普通教育教师社会地位上的差距，反映了高职教师群体对自身社会价值的消极认知，这对高职"双师型"教师的发展极为不利。

在当下的社会环境里，除了官方要加强面向社会的政策宣传和引导，高职院校要切实从规模扩张转向内涵发展之外，也需要高职院校的教师加强"双师型"教师双师素质和能力的自我养成意识，通过自己的教育教学实践，努力提高自身的专业实践教学能力，不能满足于"我在大学是怎么被教的，我就怎么教学生"的机械模仿和惯性推动的学科模式教学状态，要主动研究高职学生的生源状况和高职教育的特点，选取适用的方法和内容，提高教育教学实效。只有培养出适合社会需求的"德技双馨"高职人才，高职教育才能获得社会和学生及家长的认可。如果高职院校的毕业生大部分都能找到适合自己的工作、过上体面的生活，体现出受过高职教育跟没受过高职教育的差别，最终一定能获得学生和家长的认可，高职院校的社会地位自然会随之上升，每个高职院校的教师本人也能从中产生自身职业的成就感和自豪感。所以，在化解高职"双师型"教师培养所面临的社会环境困境的过程中，高职教师也可以立足于自身的教育教学工作，想方设法提高课程教学的吸引力，从提高每一次课的教学质量开始，为不断优化高职教育的社会环境做出自己的贡献，同时也为自身的职业发展创造良好的外部支持环境。

基于上述分析，可以看出，高职"双师型"教师培养面临着内外部环境支持不力的主观性和客观性困境。教师参加培养培训活动是受情境影响的，它是在某个具有社会、组织和个人特性的具体情境中发生的，情境通过与教师个体互动，成为"双师型"教师培养培训活动中不可缺少的组成部分。而情境又是教师个体与所处环境相互作用形成的一种生活、学习、工作的空间，影响着此空间中教师的一切选择、行为和活动，对教师个人、组织乃至社会产生着或积极或消极的作用。

通过对高职院校、企业和社会三个维度的调研分析，得出了高职"双师型"教师培养所处的支持环境整体上不够理想的结果。无论从院校环境、企业环境、社会环境中的哪一个方面来说，当前高职"双师型"教师培养的内外部环境都不尽如人意。在院校环境方面，院校内部的制度激励环境不令人满意，表现在激励制度的缺失或不完善或落实不到位，严重抑制了教师参训的积极性和持久性。

此外，教师合作的组织文化氛围不浓，教师合作共同体没有充分形成，大多数教师主要处于"单打独斗"的个人奋斗状态，师生之间、教师之间的人际关系还有较大的改善空间；在企业合作环境方面，企业参与"双师型"教师培养的积极性不高，教师的企业实践机会少，专业实践技能很难得到切实提高，实践教学能力依然不强；在社会环境方面，具体主要体现在社会对高职教育的认可度低，高职教师感知自身社会地位低于普通教育类型的教师，影响高职教师的职业自信，不利于"双师型"教师的发展。

三、高职院校"双师型"教师培养中的个人困境

（一）"双师型"教师培养中的动因

从生物学的角度看，动因是指诱发某种行为，维持该行为，并将行为导向一定目标的心理活动过程；从社会学的角度看，动因是促使人们从事某项活动的原因。动因因动力来源不同可分为内部动因和外部动因。外部动因指的是个体受来自外部的要求或外在的压力而产生的动因，内部动因则是指因个体产生的某种内在需求而引发的动因。

概括来说，推动加强"双师型"教师培养的动因来自三个大的方面：一是适应社会经济发展对提高职业教育质量的要求；二是满足高职院校自身更好地发展的要求；三是实现教师个人职业发展目标的要求。三种动因分属于社会层面、学校层面和教师个体层面三个层次。从教师的视角看，前两种动因属于外部动因，第三种涉及教师个人发展需要而产生的动因属于内部动因。虽然教师个人动因属于内部动因，并且对"双师型"教师培养产生实质性的影响，但是，社会和院校层面的外部动因对其也有一定的影响，因此，在着重探讨"双师型"教师培养的个人动因之前，对外部动因进行简要分析也颇有必要。

1."双师型"教师培养的外部动因

国家级领导主抓或亲临大型职业教育活动，彰显了职业教育的重要性。中央电视台综合频道（CCTV-1）也曾专门制作播放《大国工匠》系列节目，集中连续地向社会介绍我国一些行业产业领域内的高级技术技能型人才，并称他们为"工匠"。在黄金时间的新闻联播节目里也插播过一些大国工匠的事迹，并且对中国代表团参加世界技能大赛的情况作过专门报道。这些措施都意在强调从事技术技能型工作的价值，同时也凸显职业教育的重要性。

社会需求增加，导致短时间内兴办了大量的高职院校，从而也伴生出

很多问题,其中之一就是高职"双师型"教师数量不足和质量不高的问题,"双师型"教师培养的速度和效果与高职院校的发展需求不相匹配。师资力量的薄弱必然带来人才培养质量不高的结果,职业教育领域各级管理层也都认识到抓紧培养"双师型"教师队伍是提高人才培养质量的必然途径,是满足社会经济发展和院校发展需求的根本保障。

综上所述,社会经济发展和高职院校生存发展的宏观、中观背景都要求高职教师要重视自身双师素质与能力的培养和提高,高职院校"双师型"教师培养的社会和院校层面的外部动因是客观存在的。马克思主义理论认为促进事物发展的因素有外因和内因两种,其中内因的作用更大,即外因需要通过内因才能发挥作用。因此,在"双师型"教师培养方面,来自社会层面和院校层面的宏观、中观外部动因都必须通过教师积极追求个人发展的微观层次的内部动因才能发挥实质作用,高职院校"双师型"教师培养的内部动因产生于教师对个人职业发展目标的执着追求。因此,个人动因是影响"双师型"教师培养效果的最直接、最根本的内部动因。

2. "双师型"教师培养的个人动因

为了了解高职院校"双师型"教师培养的个人动因现状,本研究通过对研究对象的深度访谈收集第一手信息,并辅以问卷调查采集更丰富的支撑数据。通过编码、分析来自访谈和问卷的资料及数据,研究提炼出影响"双师型"教师培养的有关教师个人动因的三个本土概念:"适应环境""职称晋升"和"自我价值实现"。这三个概念体现出教师追求个人职业发展的三个层次,即逐渐从被动接受培养、追求个人名利转向积极主动提升自我价值,体现"双师型"教师发展从"让我是"向"我要是"转变的不同心理变化状态,其中"自我价值实现"是最高级、最持久、最理想化的激励教师个人发展的动因层次。

(1) 适应环境的动因

在访谈教师时,经常听到"要求参加(培训),那就参加呗,再说别人也都参加了"之类的话语,反映出外部环境压力是促使教师做出参加"双师型"培训活动决定的影响因素,体现出外在动机对教师参加"双师型"培训活动的驱动作用。

人是社会性的群居动物，尤其中国是群体文化导向的国家，个体的行为如果偏离了群体一致认可的要求和标准，就很难得到群体的接纳，从而不得不承受巨大的外部压力，对个体形成较大的心理负担。受国人的从众思想的影响，当发现自己与周围同类型的群体不同或差异过大时，大部分人会产生一种被孤立、被排斥的不安全感，对多数人来说，这种感觉会严重影响个体工作和生活质量。因而，人们多数时候会努力保持与同类群体的步调一致，以免被当作另类、异类对待，从而在心理上获得"融入集体"的安全感和被认同感，假如有什么物质或精神激励或回报，也是你有、我有、大家有，即不会产生"别人有，自己没有"的心理落差，更不会担忧因"己有人无"而招致的排斥和"羡慕、嫉妒、恨"。

"适应环境"和"随大流"的行为也在其他与教师发展有关的事件上有所体现。某省年底首次评定高职"双师型"教师资格时，虽然当时管理部门已声明这个资格暂时跟工资、津贴、职称等都不挂钩，要求大家要如实提供材料，不能随便找个熟人朋友开个"企业实践证明"之类的假"证明"、假"聘书"等作为申报依据。但是，S学院仍有很多老师在经过严格审核后，因材料不符合个人申报的等级而被降，甚至有的连"初级"认定也不能通过。一些不够条件的教师也都开始关注评审条件，表示要对照条件，"抓紧考个×证"，为申报"双师型"教师资格做好准备，除了对"双师型"教师资格的预期价值判断之外，"适应环境"也是其主要的动力因素，因为"别人都是（'双师型'教师），你不是，多没面子"。

因此，如果适应环境的外在动机成为影响教师参加培养培训活动的主要动因，就会严重限制教师在"双师型"培养方面的自主性，而自主性的强弱直接关系到教师对活动的价值判断和投入时间、精力等的意愿程度，从而影响教师对活动效果的感知。自主决定（self-determination）理论认为当人们感知自己有自主权利（比如工作中的选择权和自由度）的时候，他们会体验到更强的幸福感，对工作的投入更大，表现更佳。可见，内在动机和自主权是相辅相成、相互促进的关系。美国学者Lindholm在她的一项涉及大学教师职业选择动因的研究中发现，调研对象都特别强调他们自身对于自主权、独立性和个性化表达的需求，大学教师职业允许他们能够较自由地支配自己的时间、选择自己感兴趣的工作任务和研究内容，教师工作所能提供的"个性精神"及"个人独立感"满足了他们对自主权的需求，成为驱动他们选择大学教师职业的重要影响因素。

近年来，"自上而下"对高职教师推行的国培、省培等各类培训项目，其培训的时间、地点内容和形式都是由教育行政部门事先规定，然后按照配额，以任务指标的形式层层下达到一线教师，为了落实"培训任务"，有的教师在学期中间被要求停课或调课去"完成培训任务"；为了不破坏"和谐的工作环境"，有的多次参加同样或相似内容的培训；有的被要求参加与自己专业关联性不大的培训。这些现象反映出培训设计和安排较少考虑教师的个体需求，教师自主选择的权利主张不被重视。然而，对培训内容、形式、时间、场所等进行较深入的前期需求调研和分析并赋予教师"按需参训"的选择权利是达成理想的培养培训效果的逻辑起点，因为只有满足教师实际需求和自我愿望的教师培训才可能是有效的培训活动，否则，即使全国上上下下轰轰烈烈地组织了各级各类培训项目，最终在很大程度上也可能只是满足了管理者所追求的"每年培训了多少教师"的数字上的辉煌，整体上对教师双师素质与能力水平的提升效果却很有限。从组织学习理论的角度分析，上文中呈现的各种现象，无论是组织对教师自主权的忽视，还是教师个人为了"适应环境""配合领导工作"而采取的"随大流"的"顺从"行为，都属于防卫性行为范畴。当人们面对窘迫、尴尬或者带有威胁性的局面时，会熟练地启动组织防卫模式，人们对于防卫模式的娴熟应用，根源在于"人类在孩提时期就学会遵从的那些使用理论及社会道德"，为显示自己尊重、帮助和支持他人的社会道德，为使自己和他人不陷于难堪、丢面子的麻烦境地，人们避免发生当面的冲突，隐瞒自己的真实想法。如果有人坚持公开说出自己与领导不同的真实想法，或不按组织的安排行事，就可能会被贴上"不尊重领导""不懂事""不灵活""个性太强"等标签，那么他可能就会被排斥和孤立，失去"进步的空间和机会"，这种"榜样"的作用使人们很快认识到，生存要求他们"与大家保持一致"，要与人发生公开冲突，尽量将人际威胁最小化。阿吉里斯认为，这种由第一型使用理论价值观主导的防卫行为，不利于组织的学习，是一种过度保护和自我封闭，而这种习惯性的防卫行为充斥于社会的各个角落，存在于"人类的一切组织中，包括家庭、私有和公共组织、工会、志愿者组织以及大、中、小学"，习惯性防卫使组织陷入无能而低效的困境，"双师型"教师培训的不佳成效也证明了组织困境的存在，如为了完成任务而随意安排参训人员，为了"适应环境"而勉强参加培训等困境阻碍了内在动机和外在动机在培训"双师型"教师过程中协同发生效应。

（2）职称晋升的动因

在学校的组织结构中，职能管理部门、院系行政岗位的设定，在数量方面是有限的，各级别的行政职务数量也是有限的，大部分教师的发展是"不可能走行政职务晋升这条路"的。因此，由初级到中级再到高级的专业技术职务的评定和晋升就成为大部分教师追求事业成功的目标，职称的逐级评定成为教师职业发展由低阶段到高阶段的显性标志。

3. 自我实现的动因

作为阳光下最高尚的职业，我们有理由认为每一位教师都发自内心地希望能够实现自我存在的价值，这也就是马斯洛所认为的自我实现。在马斯洛的需要理论中提出了人类由低到高的五种需要，包括生理需要、安全需要、归属与爱的需要、尊重的需要、自我实现的需要，其中自我实现的需要居于最高层次，它也是教师最高层次的内在需要，是促进教师个体持续追求成长进步的真正内在动因。

正如马斯洛所说："我们有充分的理由假设，人有一种内在的或先天的趋向自我实现的成长需要。"自我实现是体现人的主体性的方式之一，是人们在自身社会化的成长过程中发挥自我能动性的体现，在这个过程中，人们充分展示自身潜能，以追求实现自己的价值和达到理想的目标，从而使自己的能力获得肯定，并努力超越现实中的自我，促进人格的形成、发展和成熟。自我实现的需要就是"人对于自我发挥和完成的欲望，也就是一种使他的潜力得以实现的倾向"，正因为人们有实现自我的高层次需要，每个人的潜在能力才获得实现、维持和提高的机会。教师自我实现的发展动因是教师由外在力量驱动的发展向内在知识技能更新需求推动自我成长的转变，即内在的自我实现催生的外在变革需要，这是高职教师坚持参与培养锻炼，拥抱、接纳新知识、新技术、新工艺、新手段的根本而持久的强大动力。

现实生活中，大部分教师不得不忙于应对"眼前的苟且"，但也还有一些教师同时追求着"诗和远方"，追求自我实现的精神回报，他们怀抱使命感和责任感，为上好每一节课精心准备，积极参加各种培训活动，认真对待学习，努力从每次培训中发现新东西；他们不那么计较"付出的多，回报的少"，自费购买学习资料、网课，坚持自主学习，提高业务水平，因为他们觉得能把课上好，能让学生满意，自己就感觉工作很有价值，生命没有虚度，活得有意义，因为"人活着，还是要有点精神追求的，要不然的话，就跟动物差不多了"。

在日常的教学工作中，教师可能不会把"自我实现"这种"宏伟目标"挂在口头，但这种潜在需求和思想境界会在为上好每一节课、为让学生更满意而做充分的前期准备上体现出来。这种自我实现的发展动因也体现在对工作认真负责的态度上，体现在为取得更好的教学效果，不计较个人得失，主动寻求自我知识体系完善、更新和提高专业实践能力而付出的不懈努力的行为上，这种追求和品格并不绝对与年龄或职称或职务直接相关。

"双师型"教师培养是一个漫长的过程，贯穿整个高职教师生涯的始终。因为职业教育具有跨越"学校与企业"的"跨界"特征，职业院校的教学内容必须与企业需求对接，而企业的技术进步、管理模式、经营模式、生产方式等都处于动态的变化改进之中，教师必须要投入企业工作场的学习之中，保持与本专业相关行业企业的长期亲密跨界接触，注意相关产业领域的发展趋势，坚持在教学工作场和企业工作场同步学习的模式，在理论→实践→理论→实践之间循环往复，不断提高自己的专业理论水平和实践教学能力，才能无愧于"职业院校'双师型'教师"的称号。

因为适应社会经济发展需要和促进院校进步与发展的两大外部动因跟教师个体发展的关系不是十分的紧密，每个教师都可以说是"沧海一粟"，"我不作为自有人作为"的思想也仍然有市场，而各种资格证书或职称的取得等短期目标也可以在一段时间的倾情投入下实现，如果没有"教好书，育好人"的坚定而持久的师德信念，没有实现自我价值的内在动机长期驱动,在达到一定阶段后,很容易躺在"功劳簿"上停滞不前。虽然有部分教师在访谈中表现出追求"实现自我价值"这一高阶内在动机,也有不计得失地培养和提高自身双师素质和能力的一些实际行动,但这在整个高职教师群体中并不是普遍现象,有这种思想境界的教师只占很少的一部分,而且就这少数教师本身的实际行为来看也不是稳定持久的,总体而言,"自我实现"对"双师型"教师发展的驱动力量还没有成为占据主导地位的内部动因形态。研究结果表明,高职教师大多数对"双师型"教师培养的认识停留在"适应环境"和"职称晋升"的个人动因层次,社会发展和院校发展的外部动因作用不明显,只有很少部分的教师将不断主动提高自身双师素质和能力与"自我实现"关联起来,且这种关联还带有隐性和波动的色彩,形成高职"双师型"教师培养过程中教师个人发展内部动因不足的现实困境。这就需要管理部门有适当的激励措施使"适应环境""职称晋升"等个人动因能够持续发挥作用,使"自我实现""自我价值提升"等超脱功利的高层次个人内部动因逐渐融入教师的个人素养,使坚持"终身学习、不断进步、持续参加业务培训"成为"双师型"教师的工作常态和生活方式,一方面促进教师的双师素质和能力以及高职教育教学质量的提高,另一方面达到教师自我实现的人生理想境界,实现社会、院校和个人的"三赢"局面。

(二)"双师型"教师培养困境的个人心理

教师的心理因素既是"双师型"教师培养的现实个人心理基础,也在根本上影响着培养的成效。积极进取的心理会使教师始终保持参加培养培训活动的热情,有助于达成培训的预期效果,甚至会取得超预期的结果;消极倦怠的心理则会使培训流于形式,可能完成了培训的整个过程,留住了教师的"身",却不一定留住教师的"心",不能使他们真正参与到培养培训的过程之中,不能获取有助于提高双师素质和能力的知识、技术技能、启发和感悟,从而使借助培训切实提高教师双师素质和能力的美好初衷归于幻灭。

问卷调查的结果表明,高职教师对参加双师培养培训活动所持的心理状态并不理想。针对调查问卷中"您一直坚持为提高双师素质和能力不断学习"的问题,有1.4%的教师认为"很属实",4.5%的教师认为"比较属实",37.1%的教师选择了"一般",而认为"不太属实"和"不属实"的人分别占38%和19%。这些数据表明,绝大多数教师内心对成为真正的双师型教师的紧迫感不强,对自我的要求不高,有的教师在问卷中写道:"每天在学校从早忙到晚,回到家,筋疲力尽,实在没有力气再继续学习了。"

教师的反映表明,繁重的日常教学工作可能是导致教师对"坚持不断地提高个人双师素质和能力"的积极性不高的原因之一。由于不得不完成的常规教学任务占据了教师大量的工作时间,回到家里以后,身心已是非常疲惫的状态,即使想继续学习、提高业务能力,对于大多数教师来说,可能"心有余而力不足"。

除了积极的身体条件不具备以外,组织层面激励措施的缺失,也是造成教师产生消极心理的一个原因。就问卷中"院校制度激励教师参加双师培训"的问题,分别有1.3%和3%的教师认为"很属实"和"比较属实",分别有47.7%、34%和14%的教师认为"一般""不太属实"和"不属实"。有的教师进一步写下对这个问题的解释:"是不是双师,是不是真的有双师水平,都是一样上课,拿一样的课时费,没有差别,学不学都一样,有个证就可以交代了。"

可见,虽然当前从上到下都在大张旗鼓地开展"双师型"教师培养培训活动,但是配套的评价和激励制度却没有同步跟上,缺少可操作的"双师型"教师评价机制,对双师教师的判定只跟一纸证书相关,是不是真的具备"双师"教学水平无法考量;没有规定什么课程只能由"双师"教师承担,非"双师"教师不能上什么课也没有限制,"双师"教师在教学任务的承接方面并没有什么优势;更令人感到消极的是,"双师型"和"非双师型"教师在授课报酬上也没有区别,这成为很多教师认为是不是"双师型"教师无所谓的坚实理由。

上述调研结果表明,高职院校教师对参加双师培养培训活动存在着比较严重的倦怠心理,这种消极的心理状态对"双师型"教师培养效果的影响也可以用有关的心理学理论加以深层次的解释。

德国心理学家库尔德·勒温（Kurt Lewin）在他的《拓扑心理学原理》中提出了动力场理论，其中有一个重要概念叫生活空间（life space）。所谓生活空间，是指人和环境的相互作用，包括人在其中的行为，它指的不是现实中的客观环境，而是指人的心理环境，即与人的需求相结合在人头脑中实际发生影响的环境。需求的作用使得生活空间产生了场的动力，Lewin称之为引力或斥力，例如，高职院校的教师想到拥有"双师型"教师资格会给自己带来一些机会或利益时，就会产生成为"双师型"教师的心理需求，在其生活空间中就产生了"引力"；在想到要成为真正的"双师型"教师需要满足理论和实践的双重高标准要求，自己需要投很多时间和精力去切实提高自己的理论水平和实践能力时，可能就想到逃避，这种畏难和懒惰的心理就形成了其生活空间中对提高双师素质和能力的"斥力"。生活空间所具有的吸引或排斥的动力性质，称为效价，当引力大于斥力时，产生正效价；反之，当斥力大于引力时，则产生负效价。在正效价的心理环境中，人的行为就沿着引力的方向向心理期望的对象移动。Lewin还指出，每一部分的生活空间里都有可能存在一个区域，其中又存在一定的疆界，人的行为就是在由这些区域和疆界构成的生活空间中来回变动。例如，一个高职院校教师想成为"双师型"教师，他就向着这个方向努力，必须经过下列几个区域的生活空间：①取得高校教师资格；②取得高职高专院校讲师职称；③具备证明自己专业实践能力的某种条件；④申请参加评审；⑤获得相应级别的"双师型"教师资格证书。

如果人们在某个生活空间的移动受到阻碍，就无法跨越这个疆界，从而也不能进入另一个生活空间，这时他们的空间就会发生巨变，要么设法克服困境，持续努力，实现最终目标；要么放弃努力，不再追求原先设定的目标；要么重新寻找其他的目标。

Lewin的生活空间理论将个体的心理因素置于客观环境发挥作用的过程之中，强调人的心理因素对环境的决定作用，同时强调人对环境作用的主观能动反应，这无疑是合理的。因为人在采取某种行动之前对于周围环境的认识或多或少地有主观成分，不可能达到纯客观的程度，通常都是先从主观上进行规定和加以把握的。这种首先从主观上规定和把握环境刺激的现象，在认知心理学领域中被称为"赋予意义"。可见，个人对环境及环境的意义价值的认知决定了环境对人们行为的影响程度。

Lewin 的生活空间动力场理论对高职"双师型"教师培养的启示在于：在培养过程中要关注教师的个人心理因素，包括教师个人的生活背景、对职业教育问题形成的观点和价值取向、在个人职业发展问题上所持的态度和所拥有的动机水平等。教师的个人心理因素决定着教师对成为"双师型"教师的意愿所能达到的程度，从而决定着教师在正式或非正式的场合为提高双师素质和能力愿意投入的时间和精力，决定着他们在面临一些物质上或精神上的障碍时，人们愿意付出多大程度的努力去主动克服障碍，坚持不懈地致力于目标的实现。因此，了解教师的个人心理，把握住他们不同的心理动态，尽力"在合适的发展阶段对合适的人提出合适的要求"，对提高"双师型"教师培养成效非常关键。

如针对高职教师普遍存在的专业实践教学能力不强的问题，最佳的培养途径是去企业学习锻炼，而当前企业在参与职业院校教师培养方面热情不高，企业培训往往流于形式，不能有针对性地帮助教师提高实际操作能力。如果教师本人也觉得提高实践能力并不是自己当前最需要面对的问题，他就不会有足够的主动性和自觉性去克服困难，从而也就不会去想方设法突破限制自身实践教学能力提高的困境，可能也就会像企业一样抱着应付的态度，配合有关部门完成形式上的培训流程，那么，培训项目在培训阶段、培训人员的安排上可能都是不合适的。

就培训效果而言，只有教师从个人心理上发觉自己在某方面有着强烈的需求，才会主动反思并了解限制自身发展的困境，并采取策略，通过寻求帮助、借助外力或自身努力去加以克服。也就是说，教师的生活空间中提高双师素质和能力的引力大于斥力，教师处于正效价的心理环境之中，只有在这样的心理因素驱动下，才能激发教师的内在动机，"双师型"教师培养才能取得理想的成效。而调研的结果表明，由于教学任务非常繁重，教师每天基本上都处于身心俱疲的状态，即"坚持提高双师素质和能力"的身体条件处于排斥状态。如果学校没有制定和实施吸引力足够强的评价和激励制度，就不可能激发教师产生"坚持提高双师素质和能力"的引力，即不可能产生正效价心理环境，而在负效价的心理状态下开展"双师型"教师培训，其效果必然不可能达到理想状态。

院校和个人只关注"取得证书"的"形象工程"，其实也是潜意识中的自我防卫心理在作祟。对于院校来说，以有无证书来评价和确定是否是"双师型"教师和有多少"双师型"教师是最容易操作也是最安全的手段，大家都无须陷入当面讨论或鉴定证书是否能真正表明教师具备"双师"素质和能力的麻烦境地，也无须冒险去制定一个可能很难达成一致的"合理的评价标准"，而只需统计一下拥有证书的教师数量，上报主管部门即可。如果每年获得证书的教师人数还在增加的话，则体现出自身工作"富有成效"；对于教师来说，以"学校没有激励制度"为理由，轻松地将自己"没有积极性去提高自身'双师'素养的责任推给组织，而无须反省自己的懒惰、畏难心理，以保护自己心理上不受伤害。

院校和教师个人对"防御性推理"思维模式的"无意识娴熟运用"，保护了自己或团体的自尊心和自信心不受威胁，但却将院校置于"真正的双师型教师匮乏"的困境。因此，如果院校不能克服组织防卫心理，不能运用更加透明的"创造性推理"模式，"探寻有效的可验证的信息""提出明智的选择"，采取有效的措施，构建双路径学习通道，促使教师通过学习一系列新的技能，更新主导观念，使他们能够以更加透明、坦诚、开放的"正效价"的心理状态和积极进取的内在动机投身"双师型"教师的发展，那么，无论院校投入多少人力、物力和财力去组织培训，其实际效果可能也只是接近于"打水漂"。

（三）"双师型"教师培养困境的家庭因素

除了教师个人心理因素的影响外，每个教师的家庭条件和家庭结构对教师发展的影响不容忽视。其中家庭成员是否支持"双师型"教师发展及支持的程度如何，会对教师个体成长的速度和成长所能达到的高度产生很大的积极或消极的影响，家庭的支持成为教师漫长职业生涯中坚持持续发展的强大动力。

"家庭是温馨的港湾"，家庭可以成为教师的精神支柱，为教师提供一个安全的宣泄不良情绪、寻求安慰而无须顾虑的地方，家庭的这种精神支持属性会伴随着教师的整个职业生涯。高职院校的教师常常面临着诸多问题，有的是教学本身方面的，有的是课堂管理方面的，有的是与学生或同事的人际关系方面的，有的是物质待遇或精神奖励方面的，有的是竞争发展机会方面的。如果处理不好诸种纷繁复杂的问题，会给教师造成巨大的精神压力，有时会令他们怀疑自己的能力与水平，严重者甚至会怀疑人生。在这个时候如果家庭成员能够耐心地倾听他们的诉说，理解他们的感受，可以帮助他们疏导不良情绪、缓解焦虑心情、减少精神压力、扭转自我怀疑的态度；如果家人能够给出中肯的建议，帮助解决问题，则更有可能使他们恢复甚至增强自信。所以，支持性的家庭关系是高职教师成长的坚强后盾，对于"双师型"教师的发展起着关键性的作用。

高职院校的教师和其他普通类型的教师一样，需要家人能够给自己的职业发展提供上述的精神支持，此外，高职教师因其"双师型"的发展要求，需要不断地参加在职培养培训活动，以提高或保持自己的双师素质。参加培训，尤其是参加需要外出或长期离开家庭的培训项目，难免会打乱正常的家庭生活秩序，这特别需要家人的理解和支持，给教师以时间和精力上的保障。然而，问卷调查结果显示，高职教师的家庭在这方面给予教师支持的状况不容乐观，面临着一些困境。对于问卷中"您的家人对您参加培养培训活动"的问题，只有4%的教师选择"很支持"，10%的教师选择"比较支持"，48%的教师感觉家人支持的力度"一般"，还有31%和7%的教师选择了"不太支持"和"不支持"。访谈的结果也表明，在现实"双师型"教师培养的工作落实中，教师常常面临来自家庭因素的困境，对"双师型"教师的培养产生负面影响。其中既有教师个人努力意愿不强的心理因素障碍，家人不支持或勉强支持的家庭影响因素也不容忽视。

受传统观念"男主外，女主内"的影响，社会上通常认为女性成家以后，应该以家庭为重，相对于工作来说，相夫教子是女性更为重要的"事业"。很多高职青年女教师认为，在参加工作前，已经经历过高考和求职阶段激烈的竞争了，成为教师以后，已经具备了教师岗位的专业需要，只要按部就班地搞好常规教学，不拖教研室的后腿就可以了。当工作与家庭发生冲突的时候,她们这种"得过且过"的心理会令她们毫不犹豫地以照顾家庭为理由,拒绝接受她们认为是"额外"的工作或培训安排。

其次,高职院校的男教师照顾家庭的责任也很重,参加培训的时间也不能得到充分保障。高职院校专任教师通常不需要坐班,有课时才来到学校,所以男教师在家里的时间也比较多,如果他们的妻子需要"朝九晚五"地上班,而他们的时间又比较灵活富余,他们通常就自然地承担起更多照顾家庭的责任。所以,长期在外参加培训,就会影响到他们原本正常、有规律的家庭生活,很可能会遭到家人的反对。

再次,国家生育政策的放松,使得高职教师照顾家庭的担子变得更重。在国家实行了"单独二胎"和"二孩政策"以后,很多中青年高职教师加入了生"二宝"的行列,呈现出"女老师扎堆生孩子,男老师要照顾老婆和小孩"的现象,使得"双师型"教师的培养培训任务更加难以落实。

以上呈现的高职教师家庭困境的确给"双师型"教师培养带来了很大的负面影响。教师对自身承担家庭角色的不同期望会影响职业发展水平和发展速度,对于家中有需要照顾的幼儿和老人的教师而言,要平衡工作与生活是非常困难但又是非常必要的。虽然教师个人可以做出多种社会生活选择,甚至有可能做出逆向选择,但教师作为人妻、人父、人母、人女等家庭角色是不可逆的。因此,一旦工作与家庭之间产生冲突,那么这种冲突对教师的日常教学和教师追求个人事业发展目标的负面影响都是很大的。S学院就有一些中青年教师为了更好地照顾家庭、辅导孩子学业,提出少承担授课任务的要求,有的甚至辞去了教研室主任或其他行政管理职务,这种情况下,他们一般就更不会考虑积极参加"双师型"教师培养培训活动了。

如果教师要设法达到学校教学工作与家庭生活的平衡,圆满完成家庭角色责任,就要求教师要有很强的自我边界意识和不同边界内角色转换的能力。教师的自我边界是指心理上的边界,教师要从内心深处意识到在家里要成为一名好家庭成员,在学校也要成为一名优秀教师,并不断对自己进行主动、积极的暗示,使其在家庭中主要由家庭规则加以识别,承担家庭成员的角色。而在学校中则由学校规则识别,按教师角色说话行事。如果教师的家人理解职业教育教师的工作性质,关注并能为教师成为"双师型"教师的努力主动提供帮助，如分担教师在家务劳动中的分量，支持教师离家定期去企业全日制实践或挂职，那么，对院校的"双师型"教师培养就能够产生积极的家庭影响。然而，研究表明，这种理想的状态在高职院校中比较少见。

由此可见，为帮助教师平衡家庭责任和工作责任，创造出更多合适的机会提高自己的双师素质和能力，需要管理部门在"双师型"教师培养项目的设计和实施上，考虑多样化的设计和安排，在培训时间和培养模式上尽量多元化，本着以人为本的原则，让不同家庭情况的教师都有可能找到适合自己的培训模式。

第二节 职业"双师型"教师培养取得成就与不足

一、取得的成就

（一）师资数量不断增长

近年来，职业院校非常重视引进高学历、高素质的人才，对职业院校专任教师的任职资格提出明确规定，不管是公办还是民办职业院校，具有本科学历是对专任教师的基本要求，也十分重视引进高层次人才，如博士、教授，并提供各种福利待遇和职业发展空间来吸引优秀人才来校任教，注重育才、留才和激才。

（二）建立了一批职教师资培养培训基地

"十一五"期间，国家投入140亿元支持职业教育，提出职业教育教师素质提高计划，广泛开展了职教师资培养和培训工作。改革开放40多年来，特别是"十一五"期间，全国绝大部分省、自治区、直辖市和各有关行业部门，根据本地和行业部门的实际状况，依托普通高等学校或国家级、省部级重点职业学校，先后建立了一批职教师资培养培训基地。1999年初，国务院批转教育部《面向21世纪教育振兴行动计划》，提出"依托普通高等学校、高等职业技术学院，重点建设50个职业教育专业教师和实习指导教师培养培训基地，地方也要加强职业教育师资培训基地建设"。教育部、财政部提出：要在"十二五"期间，在全国再建100个国家级职业教育师资培训基地，把基地建设问题作为深化职业教育改革、加强职教师资队伍建设、提高职业教育质量的重大措施，中央财政和地方财政都对职教师资培养培训基地建设给予了重点支持。职教师资培养培训基地的建立和发展，为职业院校培养、培训了大批职教师资，这在一定程度上解决了职业院校专业教师和实习指导教师数量不足的问题，同时，在提高专业教师和实习指导教师专业理论水平、实践技能、职教教育教学理论和科研水平等方面发挥了重要的作用。

（三）培养培训制度不断完善

我国职教师资的培养，从最初的实业教员讲习所，到今天的职业技术师范学院，培养制度逐步完善。1949年以后，我国逐渐建立了职业学校教师与企业人员交流制度、在职教师到高校进修制度及在职业学校内建立学科委员会制度，这些制度的建立，一方面表明了人们对在职教师培训重要性的认识，另一方面也切切实实地为在职教师的进一步学习提供了条件。特别是改革开放以后，职业技术师范学院，以及在综合大学里设立的职业技术师范学院和各级职教师资培养培训基地，为我国职业技术教育师资队伍建设做出了巨大的贡献，师资队伍素质稳步提高，对职教师资的认识和认同感不断深化，在职教师资培养和培训方面积累了不少宝贵的经验。在职业学校，行业、企业技术骨干和能工巧匠担任兼职教师，承担了近半数的专业教学任务。加强"双师型"教师培养培训，建设专兼结合的专业教学团队，有效提高了职业学校教师的教学设计与实施能力。

（四）职教师资培养培训考核体系的完善

伴随着职教师资培养培训体系的建设，基于培养培训机制的绩效考核和薪酬管理体系在职业院校也逐步确立起来，职业院校教师考评标准单一的不利局面得到改观。从职教师资培养制度来看，职业技术师范院校主要承担着培养职教师资后备力量的任务，在课程建设、专业设置、师资队伍配备等方面已经形成了一套相对完善的职教师资培养体制，一批又一批优秀的技术师范类院校毕业生充实到职教师资队伍中，给职教师资注入了新鲜血液，缓解了职业院校师资队伍紧张的情况。然而，单方面依靠职业技术师范院校培养职教师资是远远不够的，正所谓"远水解不了近渴"，对职业院校现有教师进行培训，提高职教教师教育教学能力和实践技能才是解决职教师资队伍结构不合理、素质参差不齐的根本办法。职业院校对现有教师培训主要采用自愿报名、紧缺专业骨干教师优先的方式，对职业院校兼专职教师进行分批、定期培训，并进一步建立教师到企业实践制度，鼓励教师利用寒暑假参加企业实践锻炼，由此建立职教师资培养培训考核体系，针对不同专业、不同类型的教师设计侧重点不同的考核指标和标准，更及时有效地反馈教师培训情况和问题，在一定程度上真实地反映了教师培训效果；与教师绩效考核及薪酬待遇相挂钩，激励教师到企业实践锻炼，积累专业技能，提高教育教学能力。

（五）对职教师资的认识不断深入

对职业教育师资的认识，随着职业教育的不断发展逐渐深入。职教师资培养的第一种办学形式——实业教员讲习所初创之际，虽然人们认识到不同专业门类教师之间的不可替代性，但对职教师资应该具备什么样的素质要求缺乏研究，在当时实业知识极度贫乏的情况下，强调的是对各种实业知识的学习。在国民党统治时期，虽然人们开始认识到具备从业经验是职教专业课教师必不可少的条件，但并没有展开对职教师资任职资格的讨论与研究。中华人民共和国成立后，随着中等职业教育的蓬勃发展，教师的需求量大大增加。为了解决中等职业教育师资问题，先是通过

"调""聘""改""留"的办法解决师资问题，后是开办了独立的职业技术师范学院及在综合大学内设立职教师资班来培养教师。这些方式在一定程度上暂时满足了中等职业学校发展的需要。但是不同渠道来源的教师有不同的知识背景和专业背景，在专业知识、实践经验和教育教学理论与实践上，各有长短，师资队伍的参差不齐严重影响了职教的发展。而通过高等职业技术师范学院培养的教师由于缺乏实践经验，在以后的教学中明显表现出实践能力不够的缺陷。这就引发了20世纪90年代以后对职教师资素质的讨论。职业教育的师资应该具有什么样的素质和能力？对职教师资的培养应该更注重专业性还是师范性？职教师资的专业实践能力从哪里来？这些都是职教师资培养中必须面对的问题。很显然职教师资具有和普通教育师资不同的特点，这些特点是什么？对这些问题的思索促使人们认识到职教师资不同于普通教育的教师，他们不但需要专业课理论知识，而且需要本专业的实践经验知识，同时也需要具有教育教学的知识与实践。"双师型"教师这一概念的提出反映了人们对职教师资的完美期望。

二、存在的问题和不足

在职业教育迅猛发展的今天，尽管各职业院校逐渐重视师资队伍建设，采取了很多行之有效的方法提高师资队伍素质，但是仍然在师资培养培训中遇到很多棘手的问题，师资数量不足、质量不高、培养培训渠道不畅、骨干教师和专业带头人不多依然是普遍存在的问题。此外，我国职业教育师资队伍选拔录用、考核方法和途径、薪酬福利待遇等各项规章制度均远不如普通教育系统的那样完整和规范。

（一）职教师资数量仍然不足

当下，职业教育快速发展，招生数量逐年递增，中等职业教育和高等职业教育分别占据了高中和高等教育的半壁江山，对高质量的职教师资队伍有强烈诉求，导致职教师资数量相对不足，亟须补充和完善。此外，职业院校由于历史原因，师资队伍补充出现了新的断层。而且，专任教师中，年轻教师偏多，虽然学历达标率不断上升，但是他们缺乏专业实践技能和必要的职业教育理论。有资历和经验的老教师同样占有很大比例，但是知识结构比较陈旧，而作为专业带头人和专业骨干教师的中青年教师可谓凤毛麟角，职业院校在专任教师队伍建设中出现了"两头重，中间轻"的断层现象，严重影响专业发展和学校教学质量的提高。

（二）学历达标率较低

目前，职教教师中有相当一部分教师的学历还未达标，距离《国家中长期教育改革与发展规划纲要（2010—2020年）》规定的平均80%的达标率还有相当大的差距。以成都某高职院校为例，学校内部教职工统计数据显示，该校共有专任教师470多人，无一人具有博士学位，具有本科及硕士学历的约占64%，大专、中专和高中学历的教师也有不少，很多教师有学历但无学位。此外，职教教师年龄结构也出现断层现象，专任教师年龄在30岁以下的占40%，30～40岁的青年骨干教师仅占20%，有些院系甚至青黄不接，严重缺乏中青年骨干教师。近年来，职业院校教师主要由高校毕业生组成，他们有一定的理论知识，但没有经过较长时间的课堂教学锻炼，对教材内容并不完全熟悉，组织教学能力不足，教学经验也不多，难以驾驭整堂教学，教学效果并不是很理想。由此可见，职业院校师资队伍建设过程中，应该注意引进高素质、高学历人才，逐步替换师资队伍中不合格的教师，不断更新教师队伍结构，形成稳定、高素质的职教师资队伍。

（三）职称结构不合理

职业院校教师的职称结构不合理，具有中、高级职称的教师比例太低，普遍缺乏具有正高级职称的教师，教师多以讲师和助教为主，无职称的大学毕业生新任教师的比重也很大。以成都某民办高职院校为例，在该校专业课教师中，无职称的教师高达200多人，具有助教职称的教师共有153人，占专任教师总数的32.5%，具有讲师职称的教师有49人，具有教授及副教授职称的教师仅有19人。这反映了职业院校急缺骨干教师和学科带头人，对专业建设、专业未来的可持续发展可能造成致命的伤害，进而成为职业院校持续发展的巨大障碍。因此，加强对中青年教师的培养，加强骨干教师和学科带头人队伍建设，努力改变职称评聘渠道不畅的局面，这应该是当前职教师资队伍建设的重要任务之一。

（四）职教师资流失严重

近年来，教师队伍不稳定，职业院校具有高学历的青年教师流失严重，使得职教师资队伍出现不小的减幅。据不完全统计，目前，在中职教师在职攻读硕士学位的人员当中，约有75%的教师有跳槽的打算。职业院校教师社会地位低及教师待遇偏低等问题，都是促使教师离岗的主要原因。我国职业院校教师来源渠道相对多样，且缺少相应岗前培训和职业道德培训，这都直接造成了教师队伍成员业务能力不足。在学校改革过程中由文化课教师转行而来的专业课教师明显缺乏专业技能，普通师范院校的毕业生相对缺乏专业技能，在教学过程中易脱离实际；工科类高等院校的毕业生和企事业单位专业人员大多没有经过专门的职业教育教学理论的课程培训，缺少必要的教育学、教育心理学知识和教学方法。

（五）专任教师到企业实践缺乏动力

目前，相当多的专业教师缺乏实践经验。而且，很多教师都缺乏到企业锻炼的热情。一是教师进入企业往往不能真正参与到企业生产中，走马观花式的实践活动无法调动教师的热情；二是政府缺乏有效的监督保障机制，对教师的职务评聘等缺乏实际效用；三是教师的工作压力普遍较大，参加企业挂职更是增加了工作压力和负担。同时，由于企业生产任务繁重，教师也很难深入企业，了解企业的实际情况。实习实训容易流于形式。职教教师任职资格制度参照普教教师资格标准刚开始实施，因而如何培养高质量职教师资是我国职教师资培养领域的一个重大课题。此外，来自企业生产一线的兼职教师数量也十分有限，教师大多停留在理论层面的讨论，很少有实训教学、现场指导的技能切磋，难以形成社会需要的那种既有较渊博的基础理论知识，又有丰富实践经验的"双师型"教师队伍。

（六）职教教师的整体素质亟待提高

应该说，在职业院校整体师资队伍中，基本素质是好的，也涌现出一些极为优秀的教师。但也应看到，在师资素质方面还有提高的空间。首先，师德水平有待提高。一些青年教师对教师应有的特殊要求，即教师职业与其他职业不同之处没有充分认识，在言谈举止、师风师德方面的示范意识不强，教书育人还不够主动。其次，教师对职业教育的本质认识有待提高。教师对职业教育的认同和认知直接影响着职业教育特色的体现。许多职业院校教师特别是青年教师容易忽视对职业教育教学规律和办学性质的学习和研究，造成教学方式普教化，难以体现职教特色。最后，职教教师对专业发展前沿的学习研究能力有待提高。科学技术日新月异，职业教育是培养操作型、技能型人才的教育类型，职教教师更要重视与时俱进，及时更新专业知识和专业技能，这对职教教师的学习能力提出了更高的要求。职业院校的客观条件在一定程度上制约了教师学习专业领域前沿发展的能力，但无论如何，职教教师都应该了解自己学科专业的发展现状和趋势，只有这样才能高质量地完成教学工作。教师不应拘泥于书本教学，成为"教书匠"。总之，教师数量不足容易造成教师教学负担过重，教师教学功底较为薄弱会影响教师队伍整体力量和教学水平，学校培训力度和继续教育力度不够会使教师实践水平偏低，接受新技术和新知识的能力偏低，知识结构陈旧，思想僵化，教学方法保守，教学积极性不高，科研能力和实践能力不强。职业院校在教师引进过程中，没有配套设置高素质人才引进保障机制，造成引进高质量、高学历人才比较困难，部分教师对职业教育理念、办学目标、人才培养模式及在社会经济发展中的地位认识不清，思想观念落后与学校的升格和转型要求不符，整体素质还未达到职业教育发展的要求。

第三章　职业院校"双师型"教师的内涵

"双师型"教师堪称是除黄炎培提出的"大职业教育"之外最具有中国特色的职业教育理论创造。在此，本书不仅仅将"双师型"教师视为物质形态存在的教师实体，也将其看作一种描述职业院校教师的理论形态。作为物质形态存在的教师实体，"双师型"教师应该早就存在于职业教育活动中，只是我们没有将其指定为"双师型"教师。因此，从这个意义上说，"双师型"教师是伴随着职业教育的产生与发展而出现的，中国古代的墨子就是我们今天所说的"双师型"教师。作为一种理论形态的"双师型"教师，应该说是当代人根据职业教育发展需要，对职业院校教师属性进行研究和规范而提出的一种说法。所以，探讨"双师型"教师的产生与发展，需要在这两种形态上进行区分和界定。基于此，本书将从这两个维度考察"双师型"教师的产生与发展，并提出"双师型"教师标准及其发展趋势。

第一节　职业院校"双师型"教师的产生与发展

一、实体形态的"双师型"教师的演变

并不是因为我们提出"双师型"教师这一概念才有了"双师型"教师，正如并不是拉特克提出"教学论"这一术语才有教学论，其实中国古代的

《学记》就是一部教学论著。换句话说,"双师型"教师早就存在于人类的教育史上,用我们今天的"双师型"教师界说去判定,"双师型"教师早已存在。

(一)关注技术教育的教育家型的"双师型"教师

春秋末期战国初期的墨子就是一位"双师型"教师。墨子长期从事生产工艺劳动,具有高超卓越的技术,是当时闻名遐迩的杰出工程师。他能用木制成飞鸢,在天上飞三日三夜。他教弟子农业生产,教弟子运用规和矩,教弟子学会方、圆的具体做法,教弟子筑墙之类的建筑之术。"古之圣人诲男耕稼树艺,以为民食","吾以为古之善者则述之,今之善者则作之,欲善之益多也"皆为墨子名言。墨子是教师,也是工程师,在自己的教育活动中同时进行理论思辨教育和技艺教育,堪称是"双师型"教师的典范。

清朝初期的颜元也是一位"双师型"教师,他长期生活在农村,亲自参加农业生产劳动,在从事教育和学术研究活动的同时,从未脱离劳动。颜元这样一生不脱离农业生产劳动的教育家在中国古代教育史上是不多见的。他主张培养实才实德之士,能够经世致用,既能"上下精粗皆尽力求全",又能"终身止精一艺"。颜元在其教育活动中始终把向学生传授农业生产知识置于重要地位,在其亲自制定的"习斋教条"中,规定学生必须学习农学、谷粮、水利等知识。他在35岁时,曾为挚友王法乾撰写《农政要务》一书,内容包括耕耘、收获、辨土、酿粪、区田、水利等,并"皆有谟画",据说此书也是他向学生传授农业生产技术知识的教科书。

瑞士的裴斯泰洛齐也堪称是一位"双师型"教师。他把人的能力分为脑、心和手三部分。其中"脑"常常指精神这一能力主要是人认识世界、理智判断一切事物的所有内在精神的官能,包括感觉、记忆、想象、思想和语言。"心"指伴随着全部知觉和思想而来的一切感情范围,包括基本的道德情感。"手"指人的实践活动的能力,如手工能力、职业能力和家务劳动能力等。这三个方面的基本能力应协调发展。裴斯泰洛齐特别重视劳动技术教育,强调孩子们要参加田间的劳作、纺纱、织布。他将学习和手工劳动相结合，对学生进行职业培训和技术教育。"使功课和劳作合一，提倡职业训练，是提高人的工作能力，增加实际生产量的最好途径。"

上述几位人物都可以视为关注技术生产的教育家型的"双师型"教师。这些人物属于教育家，在其教育思想和教育实践中均关注技术生产动手实践，表现为他们在教授学生理论知识的同时，也在教给学生相关生产实践的技能。其实，这个时候的"双师型"教师主要是关注教育教学的理论概括和实践行动方式的统一，表现为在教育教学内容和方式上践行知与行的合一。

（二）践行技术生产的技能家型的"双师型"教师

鲁班出身于世代工匠的家庭，从小就跟随家人参加许多土木建筑工程劳动，逐渐掌握了生产劳动的技能，积累了丰富的实践经验。

在历史上，像鲁班这样的技能型人才有不少，他们技艺或绝活的传递传承主要依靠师父带徒弟的学徒制模式，他们堪称是践行技术生产的能工巧匠型的"双师型"教师，即他们既能进行技术发明创造和加工生产，也能将自己的技术技能传递给徒弟、后代，实际上是边进行加工生产边开展技术教育活动。但是他们未成为教育家型的教师，而是一类能工巧匠型的教师。

（三）技术生产与技术教育融合型的"双师型"教师

随着社会科技发展水平的不断提高及对技术技能积累的要求，需要那种将技术生产与技术教育融为一体的复合型教师，即将单纯从事技术生产和技术教育的两类教师的两种或多种素质融合集中在一个个体身上，成为能进行技术生产与技术教育并能将两种能力或素养融合在一体的"双师型"教师。首先，人类社会科学技术发展的水平日益提高，技术的精密化程度越来越高，生产加工过程的技术含量也越来越高，势必要求在职业院校教授某种技术、培养某种生产实践能力的时候，需要教师具备精湛的技术水平，而不是简单的生产活动了。其次，人类社会技术技能积累的迫切性越来越强烈，需要在技术生产过程中及时有效地将技术工艺传播传承下去，这也就需要有专门的教育力量传承技术技能。其实这是一股教育教学的力量和技术生产的力量在走向融合。在职业院校教师身上，就体现出了技术生产与技术教育的融合，这也就是集"教育与生产""理论与实践""知识与技能"等形态兼备的"双师型"教师。

二、观念形态的"双师型"教师的发展

以"双师型"教师这一术语的出现为标志，从民间话语到学术话语，再到政策话语，反映着人们的理性认识逐渐在深化和丰富，观念形态的"双师型"教师诞生了。

（一）民间话语中的"双师型"教师

"双师型"教师是在工科类专科学校的办学实践中逐步提出来的。可以说，民间话语中的"双师型"教师，主要是针对职业教育发展中存在师资结构单一或师资素质的缺失而提出的，实际上涉及的根本问题是理论与实践的关系问题。长期以来，我国的职业教育偏重于学术理论教育。

学生的实践能力关注不够，师资主要是普通高等院校的毕业生，并不擅长对学生进行实践能力的教育。这一现实中的需求呼唤职业院校教师具备相应的职业实践教育能力。鉴于此，在民间生成一种"双师型"教师的概念。

作为一种观念的"双师型"教师绝不是凭空产生，而是基于实践发展的需要。民间话语中的"双师型"教师的产生，实质上印证了理论来源于实践的事实，因此，也将随着教师教育实践的发展，基于新的使命产生新的内涵，产生广泛的关注度及探讨和争论。这实质上也是一种民间教育学，"双师型"教师最初表征为民间教育学，属于民间话语。"民间教育学"是非官方的、未进入科学化的教育理论体系和制度化的教育实践系统的，以观念形态或实践形态存在的教育学知识；流传在民间的原初的、朴素的教育观念、教育方式，是劳动人民在长期的教育活动和生活实践中形成的教育思想与教育经验；其存在方式类别有显性知识和隐性知识。

作为民间话语体系的"双师型"教师，具有朴素、感性、经验等特点，即还未形成上位的、理性的、系统的思考和理论体系。

（二）学术话语中的"双师型"教师

1."双师型"教师的学术研究进展

一般来说，科学研究主要探索是什么、为什么、怎么样三类问题，即事实问题、价值问题和行为（技术）问题。依据这一问题类型，我们梳理出关于"双师型"教师的事实问题、价值问题和行为（技术）问题的主要研究成果。

（1）关于"双师型"教师的事实问题研究

这一类型的问题研究主要涉及内涵、特点、状态和关系等客观性的问题。如"双师型"教师的起源、发展历史、内涵界定、基本特征、素质结构等。《论中国职业教育"双师型"师资的产生与内涵演变》《"双师型"职教教师的概念解读（上、下）》等成果对"双师型"教师的起源、发展历史、内涵等问题进行了深入探讨。

第一，关于"双师型"教师的内涵问题研究。从总体上来看，目前关于"双师型"教师的内涵界定呈现出多样化趋势，诸如："双职称"说、"双能力"说、"双证书"说、"双证＋双能"说、"双师素质"说、"一证一职"说、"双元说"等，这种多元化的观点也从某个侧面说明：关于"双师型"教师的内涵，目前尚缺乏一种有代表性的、较为统一的观点。从研究对象来说，大部分研究是基于教师个体层面的研究结果，少部分研究涉及教师群体的研究。

第二，关于"双师型"教师的特征问题研究。有的研究者认为，"双师型"教师的特征表现为：知识的广博性、交叉性；能力结构的实践性、应用性；素质结构的综合性、职业性。也有研究者从"双师型"教师的存在状态、培养和评价等视角出发，认为"双师型"教师是一种特定职业领域的复合型人才，是一种创新型人才，培养途径具有双重性，评价标准具有动态性，还具有层次性和现实性。

第三，关于"双师型"教师的素质结构问题研究。基于对"双师型"

教师内涵的不同解释，也形成了对应的素质结构研究成果。目前看来，对这一问题的研究显得比较笼统，还缺乏深入的研究，比如"双师型"教师的知识结构是什么样的，到底应该具备哪些知识，应该扮演什么样的课程角色，其课程实施能力又是怎样的，课程开发能力体现在什么地方等，一系列相关的问题还需要更深入细化的研究。

（2）关于"双师型"教师的价值问题研究

这一类型的问题研究主要集中在"双师型"教师文化问题上。

有研究者主张，"双师型"教师是校园文化与企业文化融合的桥梁。将"双师型"教师的称谓引入职业院校，会将企业文化带入校园，并使得企业文化与校园文化冲撞、融合，最终形成独具特色的校园文化，其实这也体现了"双师型"教师的文化价值。也有研究者明确提出了"双师"文化，实质上是将"双师型"教师作为一种特殊的文化形态和文化象征。"双师型"教师队伍的建设是一个教师文化形塑过程，"双师型"教师的成长发展依赖于"双师"文化、"双师"院校教师以及"双师"群体共同参与的立体网络。

通过查阅文献，我们发现目前关于"双师型"教师价值方面的研究还比较缺乏，其实这方面的问题可以从文化观念、关系等视角切入，实质上与我们对"双师型"教师的认识相关。我们应该认识到"双师型"教师是一种特殊的文化群体和现象存在，其界定的核心是其价值观念的形成。

（3）关于"双师型"教师的行为问题研究

这一类型的问题研究主要涉及"双师型"教师的专业发展阶段、培养模式、管理等问题研究。

第一，关于"双师型"教师的专业发展阶段问题研究。有研究者依据国内外教师专业发展阶段理论，通过与国外职业教育发达国家教师的职业发展先进经验比较，提出我国现阶段"双师型"教师专业发展的四阶段："双师"素养阶段、"双师"资格阶段、"双师"熟练阶段及"双师"专家阶段。

第二，关于"双师型"教师的培养问题研究。从总体上来看，"双师型"教师培养模式主要有以下几种：院校培养模式，这是"双师型"教师培养的一种基本模式；校企合作模式，学校和企业互派人员到企业和学校学习、培训，或通过校企合作研发项目进行"双师型"教师的培养；培训模式，主要是通过在职培训培养"双师型"教师到企业实践的模式，按照国家规定，职业学校专业教师必须每两年到企业实践两个月，以使其在真实的工作环境中提高专业实践能力。

第三，关于"双师型"教师的管理问题。有研究者提出"三层次"管理策略。一是自我管理。从个人层次上，"双师型"教师应当具有专业发展的自主意识和自主能力。二是学校管理。在学校管理这个层面上根据不同成熟度、不同成功类型、不同成长期，对"双师型"教师进行了专业区分，分别制定了不同的专业鼓励措施。三是国家管理。在国家层面上，呼吁应当从"双师型"教师的专业标准、专业制度、专业培训和专业待遇四个方面加强对"双师型"教师的宏观管理，以促进其专业化的发展。

2."双师型"教师的学术研究特点

（1）研究主题

通过梳理已有文献发现，对"双师型"教师的研究主题呈现出以下特点。

理论层面的问题：其一，"双师型"教师是我国独有的职业教育师资类型，现有研究虽然对其内涵进行了不同角度的解释，但是还未形成统一意见，研究有待深化；其二，"双师型"教师专业标准由于研究视角、研究目的不同而呈现出多元化，在实际中把握的标准也不相同，给管理操作带来不便，需要在此基础上制定统一的、量化的、可操作的专业标准；其三，"双师型"教师的培养已经引起学术界的广泛关注，但是大多数研究的学历基础欠缺，研究比较分散，经验性强，需要进一步研究其培养的规律并上升到理论层面；其四，"双师型"教师培养的探究性研究较多，缺乏对多形式、多渠道培养"双师型"教师的实践进行系统归纳和概括性提升总结；研究者更多地注重教师的职后培训，忽视教师的职前培养，如课程设置、职业技能考核、实践经历的积累等问题。

实践层面的问题：一是部分研究者视角狭隘，仅以学校为本位，强调对专职教师实践能力的培养与技能考核，忽视对兼职教师素质的培养；二是实践层面的研究，理论基础薄弱，重复研究多，深层次问题研究不多。

（2）研究方法

经过多年的探索和积淀，应该说，对于"双师型"教师的问题研究，方法逐渐丰富，而且逐渐在走向方法自觉，从过去那种理想的体系构建逐渐转向具体的问题探究。但在具体的方法运用中，已有研究多运用文献法、历史法和经验描述法，多数成果是侧重思辨，从经验中描述，从理论到理论，缺乏基于大量的"双师型"教师个案的不同范式的实证研究。相对来说，对于问题的探索方法还比较单一，多数成果都是局限在某一种方法之上，没有从多重视角深度剖析不同层面的问题。目前，诸多研究成果还未处理好理论提升与实践应用的关系，要么形成一种"形而下"的实践应用成果，未上升到普遍的理论指导高度，只是局部的经验探索和实践操作；要么形成一种"形而上"的抽象理论形式，缺乏实践探索的依托，难以指导实践中的具体问题，流于空洞的臆想。

三、"双师型"教师未来的标准化走向

随着国家职业教育事业发展步伐的加快，职业院校越来越需要大批"双师型"教师，"双师型"教师标准已经突破了简单的理论与实践的范畴，更加注重复合型素质和能力。"双师型"教师超越了一般的特质，上升到一种专业身份。在加强职业院校"双师型"教师队伍建设的过程中，到底要培养什么样的"双师型"教师，"双师型"教师在教育教学活动中应该扮演什么样的角色、发挥什么样的作用，这些都需要首先明确"双师型"教师的界定和标准。正如有研究者指出："'双师型'师资的提法不科学，存在着内涵多变、难以准确表达、不易把握等弊端，理论上缺乏依据，实践中缺乏可操作性。"当前对于"双师型"教师的资格认师证制度缺失，"双师型"教师尚无统一的标准。从前文政策话语中的"双师型"教师来看，教育部只是提出倡导"双师型"师资队伍建设，却没规定"双师型"教师的标准；在教育部的各个文件中，对"双师型"培养教师的界定也是各不相同。我国职业教育师资队伍发展的最终目标是建立职业教育教师的职业资格标准及制度。

第二节　职业院校"双师型"教师的概念

"双师型"教师这一术语已经超越了教育、教育学的范畴，涉及并渗入多个领域和学科界域，很难用一种视角框定其丰富而深刻的内涵。为全方位认识这一概念，根据"双师型"教师的发展渊源和界定，对其界说进行多学科的阐释。

一、职业学视域中的"双师型"教师：特定职业背景的教育者

从职业学的视角审视解读"双师型"教师，揭示其职业性的一面，作为具有职业价值与职业行为的教育者，"双师型"教师在更大程度上是职业的教育者，而不单纯停留在学科教育者这一层面，即使是作为学科教育者，其所教的学科也总是渗透或依托于特定的职业，具有鲜明的职业性。

首先，"双师型"教师在一定程度上隶属于特定的职业人。根源于职业教育培养职业人的目的，"双师型"教师除了教师这一职业角色之外，还具有特定的职业背景。比如，医学职业教育领域中的"双师型"教师具备医生的职业背景。进一步说，"双师型"教师是教授职业的知识和技能的工作者。之所以强调"双师型"教师是具有特定职业背景的教育工作者，这是对传统的职业教育教师的超越。以往的职业教育教师只教给了学生专业知识和技能，所教授的专业知识与技能脱离了特定的职业情境，所以学生学到的专业知识与技能在真实的职业工作环境中得不到有效应用，最终缺乏综合职业能力。只有教给学生与真实职业工作密切结合的专业知识与技能，才能使学生具备良好的职业工作素质。对于"双师型"教师的特定职业素养培养，需要强化"双师型"教师的企业实践经历，通过企业实践让"双师型"教师了解职业工作岗位的状况。

其次,"双师型"教师具备与自己专业匹配的职业行为。这实质上是要求"双师型"教师能够将职业中的具体行为实践传授给学生。这需要教师不仅能够胜任与自己专业匹配的某一特定职业,而且在自己的职业教育活动中,能够引入职业工作分析、职业能力分析、职业标准等理论和技术,为开展符合职业规律的职业教育提供指导。

众所周知,我们所从事的职业教育活动是与职业分不开的,没有职业场域,我们所从事的活动就不能成为职业教育活动。在具体的教育教学活动中,"双师型"教师要能够依据职业标准、职业工作属性,合理开发与职业标准对接的课程,确定与职业能力对接的职业教育教学目标,选择与职业工作对接的课程教学内容,实施与职业工作过程对接的教学活动等。总之,"双师型"教师不仅是教育场域中的教育者,也是职业场域中的具有特定职业背景的教育者。

二、技术学视域中的"双师型"教师:技术技能教育者

首先,"双师型"教师的价值在于技术技能的积累和传递。职业教育是有技术技能属性的教育,作为一种以技术、技能的传授为主的活动,其与普通教育最大的不同在于其教育内容的技术性。实际上,这意味着职业教育的教育者不是单纯地向学生教授理论知识,而且要重在教授学生职业技术。正是基于教授技术、内化技能这一价值维度,国家技术技能发展战略依靠"双师型"教师去传递和积累。从这个角度上说,"双师型"教师是国家技术技能形象,不是一般的教师教育者形象,代表和象征着国家技术技能发展和传承水平。

其次,技术技能素质是"双师型"教师区别于普通教师的根本标志。职业技术教育作为一种不同于普通学术教育的特殊教育类型,以培养技术技能人才为目的。培养者的素质直接决定了技术技能人才培养的质量。传统的教师是一种学术知识的化身,渊博的知识、高尚的道德被看得很重,而教师的技术技能素质往往被忽视。当职业教育在技术技能传承的过程中,发现传统意义上知识化身的教师并不能很好地适应技术技能传授的需要,

于是开始强调实践技能的价值。这也就是"双师型"教师产生与存在的立足点。

最后,"双师型"教师主要向职业院校学生教授技术知识。技术知识的意会属性呼唤这种"双师型"教师。莱顿在其具有划时代意义的作品《作为知识的技术》中,明确将技术知识看作一种知识形态,"一种离散的、不同于科学知识的知识形式"。莱顿主张:"技术知识是关于如何做或制造东西的知识,反之,基础科学具有一种比较普遍的形式。"波兰尼于1958年在《个人知识》中提出"意会知识"(tacit knowledge)的概念,以揭露完全明言知识理想的虚妄,阐明意会知识之于认识的重要意义。他还指出:"人类的知识有两种。通常被描述为知识的,即以书面文字、图表和数字公式加以表述的,只是一种类型的知识。而未被表述的知识,人们在做某事的行动中所拥有的知识,是另一种知识。"技术知识的意会性决定了其存在的载体和教授的方法不同于传统的理论知识,不能依赖书本而存在,需要在具体的操作活动中渗透;不能用以往的告知办法,需要专门的技术熟练者通过示范和行为指导去传递。"技术知识的这种意会性,在一定意义上形成了设计共同体的特定'意会背景',或者说,形成了根植于共同体内并影响其成员的'前理解'。这类知识的传播与接受主要通过'面对面、人对人'的方式而实现。从年轻设计人员到高级设计者,根本而言,是在设计过程中通过'师父带徒弟'的方式实现的"。技术知识的情境性,意味着"双师型"教师的培养成长离不开具体的真实生产情境,也意味着"双师型"教师的技术技能教育教学活动也离不开企业生产的实际经历。"双师型"教师是一种与具体生产实践过程密切结合的教育者。"双师型"教师自身的技术技能素质不是架空的,而是落地的,能够将实际工作情境下的技术技能教给学生。

三、文化学视域中的"双师型"教师:职业文化传递者

美国当代著名学者塞缪尔·亨廷顿(Samuel P. Huntington)认为:从纯主观的角度界定文化,其含义是一个社会中的价值观、态度、信念,取向

以及人们普遍持有的见解。"双师型"教师是一种特殊的职业教育文化，属于职业教育的亚文化，也是一种群体文化，体现着"双师型"教师这群体的价值观念、行为习惯、职业形象、教育信念等。"双师型"教师是校园文化与企业文化融合的桥梁。"双师型"教师是一种特殊的文化形态和文化象征，"双师型"教师的培养是一个文化过程，"双师型"教师的成长发展依赖于"双师"文化。而"'双师'文化的培育是一项复杂的系统工程，需要构建一个政府、职业院校、职业院校教师以及'双师'群体共同参与的立体网络"。

首先，"双师型"教师是一种职业文化的象征。职业是一个复合型的概念，其既有技术层面的意蕴，也有文化层面的意蕴。职业教育作为指向职业的一种教育活动，同样包含了技术层面和文化层面双重意义。因此，职业教育不可避免地应该蕴含职业文化这范畴，职业文化是职业教育的内核。文化泛指人类在社会历史发展过程中所创造的物质财富和精神财富的总和，一般来说可以分为物质、制度、行为和精神这四个层面。职业文化是指流行于不同职业群体中的文化，是人们在长期的职业活动中逐步形成的价值观念、思维方式、行为规范，以及相应的习惯、气质、礼仪与风范等，是社会分工发展和职工群体共同参与的结果。它一方面表现为不同的职业群体意识，另一方面则表现为专业的知识、技术和为维护职业群体利益及规范的文化制度。它具有很强的专业性和集团性。职业文化包括职业道德、职业精神、职业纪律、职业礼仪和职业制度等内容。依据文化的结构，可以划分为外表层的职业形式、职业行为和职业礼仪，中间层的职业制度和职业规范，内核层的职业价值观等。职业技术教育不能被沦落为一种技术训练取向的实践活动，其更为深层次、更为富有真实内涵的是其对于人在社会中生存所需要的职业文化的陶冶。因此，职业教育的价值定位需要聚焦在个体的职业文化取向之上，在技术基础上的职业精神熏陶下形成一种整体的职业文化涵养。"双师型"教师不仅仅是一种既能教理论也能指导实践的教育者，其更为高远的价值在于其能将一种儒化人的职业文化呈现出来。

其次，"双师型"教师的培养是一个文化过程，"双师型"教师的成长发展依赖于"双师"文化。文化集中表现为观念和行为，"双师型"教师融学术文化、职业文化和教师文化为一体。据此，"双师型"教师培养的这个文化过程主要是观念和行为的转变发展过程。就观念而言，"双师型"教师个体价值观应该是工作价值观、学术价值观、教育价值观三者的有机融合。就行为而言，"双师型"教师的教育行为从单纯的学问知识传授转变为行动实践操作的行为。

最后，"双师型"教师文化影响着职业院校学生的职业能力发展。"双师型"教师带给学生的是把"工业文化融入职业学校，做到产业文化进教育、工业文化进校园、企业文化进课堂"。职业教育办学实践表明，"双师型"教师身上所表现出来的企业生产实践经历对学生所产生的影响更深远，"双师型"教师的企业生产实践经历使学生对企业工作有更多更深入的认识，影响了学生的职业价值观、职业态度、职业工作技能等方面的素养。

四、知识学视域中的"双师型"教师：复合知识结构的统合者

教师知识结构的研究对加速教师培养和提高教师素质在理论和实践两方面都有重要的作用和影响。正如舒尔曼所主张，倘若要推进教师专业化，就必须证明存在着保障专业属性的"知识基础"，阐明教师职域里发挥作用的专业知识领域与结构。在教师的专业发展中，知识处于核心地位。所谓知识，就是人们对客观事物信息的反映以及对信息的储存、加工、提取的产物。知识是个体所从事专门活动所需素质的基础。职业院校"双师型"教师作为复合型的教育活动者，必然有其特殊的知识结构。教学若被视为一种专业，则首先需要教师具有专门的知识与能力：教师要学习应该教的知识和如何教授这些知识的专门知识。职业院校"双师型"教师知识就是指作为"双师型"教师在其教育教学活动中所具备的知识，不同于一般教师知识结构的特点，应体现出"双师"的特点。作为复合型素质的教师，其知识必然也是复合型的，同时具备学术性、师范性和职业性的特点。因此，综合考虑"双师型"教师的复合型素质，我们可以看出应该包括教育知识、专业知识和职业知识三大类，这三类知识保障了"双师型"教师

的"学术性、师范性和职业性"。由上所述，职业院校"双师型"教师是一种复合素质的教师，其有着特殊的知识结构，主要包括专业知识、教育知识和职业知识。一般来说，个体的活动可以划分为三类：一类是认知活动，另一类是实践活动，以及在这两类活动的基础上形成的第三类活动，即价值评价活动。实际上，职业院校"双师型"教师在其教育活动中也有三种类型，即认识或认知活动、实践活动和反思活动。

五、复合视角诠释"双师型"教师：多重素质的职业技术技能教育者

通过前文分析来看，我们可以从不同角度解析"双师型"教师中的"双师"，理论与实践也好，学校与企业也好，教学与生产也好，毕业证与职业资格证也好，教师与工程师等，最终我们难以穷尽"双师型"教师的丰富内涵，我们已经无法将其限定在"双"这一层面上去认识。与其这样，我们不如换一种思维方式，将"双"视为一种统一、整合的标签，事实上"双"所产生的功效是整体、整合。另外，"双师"其实是从素质的角度去界说职业教育教师的，"双师型"教师是一种职业教育教师素质的代言，"双师型"教师是职业教育教师发展的理想形态。因此，我们更倾向于从复合的视角整体诠释"双师型"，即具有多重素质结构的技术技能教育者。

第三节 职业院校"双师型"教师的人才特征

一、素质结构的复合性

在某种程度上说，"双师型"教师是一种特殊的复合型人才，在其素质结构的多个维度上体现出复合性。具体表现为：

一是理论与实践的统一。"双师型"教师既具备一定的理论素养，又具备相关的实践技能。理论素养体现为专业理论和教育理论方面，懂得专业基础理论，掌握如何教书育人的理论；实践技能体现为与生产实践相关的职业技能和与教育工作相关的教师技能。生产实践相关的职业技能要求"双师型"教师掌握专业操作技能与方法及新技术在生产中的应用，具备专业方面的组装、调试、设备使用、维修或工具软件的应用能力，以及工程设计、技术开发和发明创新能力。也可以说，"双师型"教师具备教育理论与实践、专业理论与实践的统一素质。

二是教学与研发的统一。"双师型"教师不仅仅是理论教学和实践教学工作者，还是应用技术的研发者。"双师型"教师参与企业相关研发工作，帮助企业克服技术难题，开展应用研究。"双师型"教师的研发能力主要是为满足当前行业企业的应用技术服务需求，主要包括技术创新能力和技术开发能力，它不同于普通学术型高校教师所开展的基础理论研究，职业院校"双师型"教师所开展的研究属于技术应用型的研发。

三是知识与技能的统一。"双师型"教师素质是知识与技能的统一。知识素质主要是指其所具备的教育知识、专业知识等方面；技能表现为实践教学中的技能指导能力，与行业发展实际相结合的技术跟踪能力，以及实际操作技术开发能力。以外贸专业教师为例，其专业知识主要包括外语知识、业务知识（国贸、国贸实务、国际结算、国际商法等）；专门技能包括教师技能、市场调研、价格核算、合同措施、合同履行等方面。

四是教育与专业的统一。"双师型"教师身上统一着两个领域的知识、能力、素质，最终是教育领域的教师资格证和某一专业领域的职业资格证"双证"的统一。"双师型"教师需具备横跨两个工作领域的能力，具体指向某种职业的专业能力与指向教师职业的教育能力二者相互融合、相互促进，使"双师型"教师成为一种专业教育工作者。

总之，"双师型"教师是专业、教育和职业三方面素养的统一，具体包括如下内容。

"双师型"教师应具备相应的专业素养：理论知识层面体现为掌握所从事专业的基本理论体系；实践应用层面体现为能够在实践中熟练应用所学

专业理论知识，具备较强的专业实践能力；研究创新层面体现为能够在该专业领域进行科研创新。

"双师型"教师应具备相应的教育素养：理论知识层面体现为掌握扎实的教育理论；实践应用层面体现为能够高效从事专业教育工作；研究创新层面体现为能够开展专业教育研究，在专业教学论、专业课程论、专业教育心理等方面有所建树。

"双师型"教师应具备相应的职业素养：理论知识层面体现为能够掌握与专业相近的职业信息，并能将最新的职业动态和技术变革信息融入自身的专业教育工作之中；实践应用层面体现为能够在相近的职业技术领域熟练操作，取得匹配的职业技能资格证书；研究创新层面体现为能够应对技术变革和职业发展过程中的挑战而开展职业动向方面的理论与应用研究。

二、职业角色的专业性

首先，从"双师型"教师产生的背景过程看，这是专业化价值诉求的产物。"双师型"是在职业教育教师专业化的探索过程中提出来的。早在1985年5月，《中共中央关于教育体制改革的决定》指出："师资严重不足，是当前发展中等职业技术教育的突出矛盾。各单位和部门办的学校，要首先依靠自身力量解决专业技术师资问题，同时可以聘请外单位的教师、科学技术人员兼任教师，还可以请专业技师、能工巧匠来传授技艺。要建立若干职业技术师范院校，有关大专院校、研究机构都要担负培训职业技术教育师资的任务，使专业师资有一个稳定的来源。""双师型"教师是我国职业教育教师专业化探索过程中所形成的一种特殊的教师职业身份，体现出的是一种专业性的价值追求。"双师型"不是对一部分职业教育教师的要求，而是对所有职业教育教师的要求。"双师型"教师是职业教育教师的一种专业化职业身份代言人。

其次，从"双师型"教师的资格标准来看，体现出其职业身份的专业性。以教师资格证和职业技能证组成的"双证"标志着其职业身份的专业性。"双师型"教师的另一角色是特定专业或行业的专家，这是"双师型"

教师的专业特色，是职业教育教师区别于普通教育教师的最明显、最关键、最核心的特点。

最后，从"双师型"教师的培养来看，需要专门化的机构和途径。单靠工厂企业或普通高校（包括普通师范院校）不能培养出"双师型"教师，进一步说明"双师型"教师的不可替代性和专业性，需要专门化培养。正如有研究者主张："'双师型'教师的形成，需要通过校企二重途径和四种经历来实现，即工程技术教育经历、工程技术实践经历、职业技术师范教育经历、职业技术教育实践经历。""'双师型'教师甚至意味着他们需要通晓三个专业：一个是学术性专业，一个是教育性专业，还有一个是工艺性或职业性专业。"

总之，"双师型"教师已经自然而然地成为一种职业教育教师的专业化形象，"双师型"教师是一种专业。当前职业教育领域中探讨"双师型"教师专业素质、专业发展、能力结构等方面的话题是一种对其专业性的深化和推动。从根本上进一步研究"双师型"教师专业标准问题就显得尤为重要。

三、成长过程的实践性

"双师型"教师的成长过程是一个实践过程。关于什么是实践，有着多元化的理解。亚里士多德将指导实践的理性称为实践智慧（phronesis），认为它只在具体的情境中证实自己，并总是置身于一个由信念、习惯和价值所构成的活生生的关系之中，即是说在一个伦理（ethics）之中。伽达默尔主张："首先人们必须清楚'实践'（praxis）一词，这里不应予以狭隘的理解，例如，不能只是理解为科学理论的实践性运用。当然，我们所熟悉的理论与实践的对立使'实践'与对理论的'实践性运用'相去甚远，而且可以肯定的是对理论的运用也属于我们的实践。但是，这并不就是一切。'实践'还有更多的意味。它是一个整体，其中包括了我们的实践事务、我们所有的活动和行为、我们人类全体在这一世界的自我调整。我们的实践——它是我们的生活形式（lebens form）。在这一意义上的'实践'就是亚里士多德所创立的实践哲学的主题。"德国当代著名哲学家哈贝马斯（J. Habermas）在其名著《知识与人类兴趣》（Knowledge and Human Interest）一书中系统阐述了其兴趣理论，主要是对人类理性的基本看法。他认为人类存在三种基本的兴趣——"技术兴趣""实践兴趣""解放兴趣"。"技术兴趣"是指通过合规律（规则）的行为对环境加以控制的人类基本兴趣；"实践兴趣"是指建立在对意义的"一致性解释"的基础上，通过与环境的相互作用而理解环境的人类基本兴趣；"解放兴趣"是指人类对"解放"和"权力赋予"的基本兴趣，这种兴趣是一种人类自主的行动。哈贝马斯认为，指导着人们对自身的交往活动进行处理和认识的就是"实践的认识兴趣"。它是通过"语言"这一媒介而形成的，其所涉及的对象领域是"关于人及其表现的对象领域"，所关心的是人与人相互间的"可能的解释"。对它来说，为形成"可能的认识"而凭借的基本范畴是"解释"，它引导出"历史的解释的科学"。它发生在主体与主体之间，体现了平等对话的关系，有别于技术兴趣中主客体间一方凌驾于另一方的控制关系。实践行为受"善"的观念的指导，它不仅要求行为的目的为"善"，还认为行为过程本身就应体现"善"。从哲学家们的视野中可以看出，实践绝不是简单的行动或行为层面的应用与活动，实践渗透着主体的个性张扬、承载着人类群体的伦理价值、凝聚着人与人之间的人文关怀。

同样，"双师型"教师成长过程的实践性有着丰富的内涵。首先，"双师型"教师成长过程的实践是在互动的环境中和与他人的交往中进行的。近十年来，教师的专业发展出现了两个非常重要的趋势：一是越来越试图以"教师终身学习"一词来代替"教师专业发展"；二是从注重教师个体学习转向通过实践共同体来促进教师学习。

其次，"双师型"教师成长过程的实践性意味着"双师型"教师是个性的价值体验。正如舒尔曼所言，教育实践不只是简单地把所学的知识应用于实践，而是需要"教师的判断"这个中介，即在不确定的情况下，教师必须学会变化、适应、融会贯通、批判、发明。实际上，"双师型"教师的成长不是模式化的、理论灌输的和技术改造的过程，而是一个自身"双师型"不断批判反思的发展过程。进一步说，"双师型"是一种生产实践艺术与教育教学艺术的融合。

最后，"双师型"教师成长过程的实践性意味着"双师型"教师成长根植于真实的、特定的情境中。从现有职业院校教师的来源来看，多数教师是从非师范高等院校毕业后直接上讲台，大都缺乏教育实践经验和企业实践经历，自身的技术应用能力和实践操作能力不强，不能给学生良好的技术示范和指导。而"双师型"教师的成长离不开长期实践，因此，"双师型"教师的成长过程是教师教育实践过程。另一方面"双师型"教师所面对的学生不同于普通教育的学生，有其特殊性。教育对象的特殊性要求教育者具备更加丰富、独特的教育知识，要能够深入把握职业院校学生的特点，具备相应的教育观和学生观，同时依赖于丰富的教育实践经验。这在很大程度上也需要"双师型"教师在教育实践过程中不断成长。因此，"双师型"教师的成长过程是企业生产实践过程。如德国"双元制"中从事职业教育的专职教师必须获得博士学位，且有至少 5 年的企业专业实践经历；美国要求社区学院的教师具备硕士学位，且必须具有 3 年的实践工作经验；日本职业学校专门课程教师的资格必须具有硕士学位，且在各种学校、研究所、医院、工厂从事与上课内容有关的或与研究技术有关的业务，其专门课程的学习年限与从事该业务工作时间合计在 6 年以上。

总之，"双师型"教师的成长过程离不开实践性智慧。教师教育工作不同于其他职业之处在于其育人性，体现出育人的艺术。教师的教育艺术，不是简单的教育技术，在很大程度上与其实践性智慧分不开，即"双师型"教师的成长过程离不开实践性智慧的积累。

四、价值功能的应用性

"双师型"教师是培养应用型人才的教师，这类教师旨在教会学生职业技能，技术技能的应用实践。

如深圳高级技工学校"双师型"教师让毕业生"零距离"上岗，培养了高技能人才。该校大部分专业教师都有企业工作背景，许多曾是企业总工程师或行业技术专家，还有一些教师是在行业内响当当的领军人物。多名教师是具有讲师及讲师以上专业技术职称和技师、高级技师职业资格的

"双师型"教师。理论实操"一体化"的教学方式，与市场保持同步的教学内容，学校与企业紧密合作的办学模式，让毕业生实现从学校到企业"零距离"上岗。深圳高级技工学校（深圳技师学院）要求教师身怀"四宝"，即具有职教能力、具有"双师"能力、具有"一体化"教学能力、具有科研能力。不少企业反映，该校毕业生实际操作能力特别强，基本上不需要经过专门的技能培训就可以直接上岗，而且具有较强的职业意识和学习能力，发展后劲足。

正如有研究者认为，"双师型"教师对高职生就业质量的提升具有正向的促进作用，"双师型"教师通过提升高职生感知授课质量和课外就业帮助进而提高学生就业质量。"双师型"教师有着丰富的实践经验，能为学生提供贴近实际工作情况的教学。此外，还可以将原有的社会资源优势转化为课外就业帮助优势，对学生的就业给予有效的指导。

"双师型"教师是职业教育的重要办学特色。只有培养足够的"双师型"教师，才能真正实现职业教育大发展。只有培养"双师型"教师才能真正提高职业教育质量。只有培养"双师型"教师，才能真正满足企业的发展需要。只有培养"双师型"教师，才能真正促进职业教育公平。只有培养"双师型"教师，才能有效增强教师的文化传承能力。"双师型"教师熟知企业用人的需要，掌握企业生产最新技术工艺，能够根据需要展开有针对性的教学工作，培养符合企业生产需要的技术技能人才。有研究显示，"双师型"教师能够将职业与专业、知识与技能相融合，集职业素质、专业知识和精湛技能于一体，成为专业建设的实施主力。在专业建设的多个环节中发挥着不可替代的作用与影响，是职业院校专业建设的主力军和核心竞争力。以课程开发为例，"双师型"教师在课程开发与建设中的作用与影响重大，"双师型"教师了解相关专业高技能人才岗位所需的知识、能力、素质，他们能够较好地设计课程体系和教学内容，支撑培养目标的实现。他们与企业专家合作开发具有工学结合特色的教材，在课程开设、教材建设和精品课建设中，发挥核心骨干作用。课题组调查数据显示，近3年来在天津市高职院校国家级和市级精品课建设以及专业核心课程的建设中，"双师型"教师约占70%，是课程开发与建设的主力军。

此外,"双师型"教师的价值功能应用性还表现在其社会服务能力上,主要是指对企业员工的技能培训和为企业生产提供的技术研发。实践证明,"双师型"教师在专业建设、产学研、校企合作和提高应用型人才培养质量等方面发挥的作用明显,起到了领军人才的作用。

第四章　职业院校"双师型"教师的培育内容

时至今日，工匠精神的价值追求一直在延续着，具体而言，它是从业人员尤其是工匠们对产品精雕细琢、精益求精的理念，是不断雕琢产品、改善工艺、享受产品升华的过程，其核心是对品质的追求，其目标是打造本行业的精品。对有工匠精神的工匠来说，工作不是一件差事，而是一项使命。

第一节　职业道德与工匠精神

一、工匠精神的"双师型"版本

（一）工匠精神的起源

早在秦汉时期，"士农工商"的社会分工已成定局，天下百姓，各可供职。后经历朝代的变更，由崇文的宋代过渡到尚武的元朝，社会职事一再演化与细分，一时流传着职业十等的排队序列，其中一官、二吏、三僧、四道、五医、六工、七匠、八娼、九儒、十丐。从中可以窥见工匠的职业地位多么低下，处于社会分工的底层位置。时至今日，"工匠"一词还多少带有一些贬义,比如世人口中常说的"教书匠",正是秉持"工匠没有创造性"的观点进行演绎的。随着社会的进步,"职业有分工,身份无贵贱"的思想日益深入人心,"工匠"地位大大提升,"工匠"一词不再是一个贬义词,而是作为一种对产品精益求精的代名词,以致在广告词中为突出产品追求极致的品质而出现"工匠"类字眼。

考究起来,"工""匠"与"工匠",有一个逐步演化的过程。"工""匠"有着不同的含义,"工"包含着"匠"的意思。《考工记》曰:"知者创物,巧者述之,守之世,谓之工。"《说文解字》说:"匠,木工也。从匚,从斤。斤,所以作器也。"封建社会,随着户籍制度的出现,则"工在籍谓之匠",工与匠始合为一体。结合辞源及古代汉语词典,"工匠"定义为专业技术与艺术特长的手工业劳动者,其基本要素包括以下三个方面:一是专业的或手工业行业分工的;二是技术的或专门技能的;三是艺术的或工艺的。随着现代社会的演变,亚力克·福奇认为工匠是用已存在的事物制造出某种全新的东西,其创造行为能够激发人们的激情和对它的迷恋。余同元定义的"工匠"中,手工业劳动者是其基本对象;亚力克·福奇的内涵中则涉及对新时代"工匠"的定义,其定位指向不再仅仅是手工业劳动者,而是有着更广泛的人群定位。工匠精神也不再仅仅是手工业者的职业表征,而是作为人的一种素质追求。

可以说,"工匠精神"与"工匠"有着同样悠久的传统。

中国古代工匠精神的价值追求是善美境界,工匠精神主要体现在以下三个方面:"强而力行"的敬业奉献精神;"切磋琢磨"的精益求精精神以及走出个人的"兴利除害"的爱国为民精神。当然,还体现在尊师重教的求学态度上。古代的工匠们由于特殊的工作、学习方式,养成了他们"尊师"的美德,从"一日为师,终身为父"的习语中便可以感受到师道尊严;也体现在超越、创新的改造精神上,工匠们有着严格的技术标准与审美标准,一定时期内工作的不可流动性使得工匠们在世代相传的技艺中不断超越、创新,将传家立身之本领进一步发扬光大,同时还体现出归于自然的哲学取向,工匠们的劳作对象、灵感均源于自然,如鲁班发明的"锯"便是极佳的例子。

除了延续着的工匠精神,随着时代的变迁,工匠精神的现代内涵中所涉及的已不仅仅是手工业者所应具备的价值取向，而是作为世间劳动者的一种行为追求：一种不以世俗为累的自得其乐的愉悦与满足；一种甘于平凡岗位而内心坚守着"将平凡的事做好就是不平凡"的信念；一种忠于自己的初心并加以实践、努力去发现问题并且通过亲身实践来解决问题的文化。而这是与将工作视为谋生手段有着显著区别的价值理念，真正做到了职业教育中的"敬业、乐业"。

如此说来，工匠精神属于职业精神的范畴，是从业人员的一种职业价值取向和行为表现，与其人生观和价值观紧密相连，是从业过程中对职业的态度和精神理念。

（二）工匠精神的"复兴"与"双师型"培育

无论是何种表征的工匠精神，都是历史的必然性选择。因为它有着独特的社会价值和思想基础。工匠精神的"现代复兴"是多元消费的需要，是社会发展自主创新的需要，是技术信仰的需要，是职业分工的需要。

2016年，李克强总理在政府工作报告中明确提出"工匠精神"：要在"2025中国制造"中实现产品的升级提质作为培养祖国未来工匠人才的基地，现代职业教育承担着培育学生工匠精神的责任和义务。现代职业教育"双师型"教师是学生最经常、最直接、最具权威性的榜样，是人类灵魂的工程师。他们不仅是教学过程的组织者、引导者，更能对新时代学生人格、学识、价值建构产生极大影响。培育学生的工匠精神，首先应抓好现代职业教育"双师型"教师培育，切实强化"双师型"教师的工匠精神。

1. 工匠精神与率先垂范

工匠精神是一种兼具传统内蕴和现代价值的精神系统。"工匠精神"包含"工匠"和"精神"两个方面的特质。在现代职业教育过程中，"工匠"指的是技术技能的传授；"精神"指的是教师爱岗敬业、关爱学生、追求卓越的育人精神。工匠精神体现在现代职业教育"双师型"教师身上，表现为教师对教学内容的精雕细琢，对教学方式的精益求精，对提升教学质量的执着追求；表现为以严谨的态度对待学生，利用自己已有的知识、技能和物质条件帮助学生不断改进与提高。因此，除了授受技技能，现代职业教育中的教师还要通过人格精神的"垂范"，感染和影响处于发展、成熟过程中的学生，潜移默化地促进学生工匠意识的树立和工匠精神的强化。

2. 工匠精神与职业精神

工匠精神核心在于"匠心"。匠心就是一种信念或者说是一种情怀，是把一项工作或一件事情、一门手艺当作信仰和追求的执着。

工匠精神是一种职业精神。在现代职业教育"双师型"教师培育过程中工匠精神应该涵盖四个层面：精益求精、持之以恒、爱岗敬业、守正创新。精益求精是工匠精神最堪称赞之处；持之以恒是职业心境的从容淡泊，也是工匠精神最为动人之处；爱岗敬业体现在工作中，主要是注重细节；守正创新则彰显了工匠精神的时代气息。

3. "工匠精神"与育人目标

从实践上讲，"工匠精神"包括专业性、职业性和人文性，现代职业教育"双师型"教师在培育自己和学生的"工匠精神"时，要从这三个方面出发，从专业技能的提升、职业标准的规范以及职业情怀的培养来实施"工匠精神"的培育。不仅要注重实践能力，还要注重人文素质的培育，提升和构建职业情怀、职业意识和职业思维，培养精益求精、不断探索、追求进步的职业精神，以获得现代职业教育"双师型"教师和学生心中"工匠精神"的双重丰收。

二、工匠精神与"双师型"教师培育内容的链接

（一）"双师型"教师"工匠精神"培育困境

相比一般教师，现代职业教育"双师型"教师的职业具有特殊性。近年来，现代职业教育"双师型"教师职业发展问题越来越受到关注。分析现代教师工匠精神的职业教育"双师型"教师职业发展困境，是培育"双师型"教师工匠精神的前提。

1. 入职前困境："工匠"技能储备不足

在"双师型"教师中践行"工匠精神"，应明确"双师型"教师的专业技术技能和精神面貌。在我国传统教育背景下成长起来的"双师型"教师，普

遍存在重理论轻实践的问题。由于"双师型"教师的职业特殊性，他们不仅需要扎实的专业知识，也需要过硬的技术技能。绝大多数的"双师型"教师都是来源于普通高校的毕业生，而非企业精英，在专业技术技能训练方面存在明显的储备不足问题，对学生的专业技术技能指导常常只是纸上谈兵。

2. 入职后困境："工匠"培育空间有限

"双师型"教师入职后的自我专业化期望和追求，与当下"双师型"教师培育现状存在很大差距。许多职业院校在新教师的入职培训中，片面强调师德师风的教育，忽视专业技术技能的培训，极少开拓教师联系市场、企业的岗位技能技术培育通道。"双师型"教师"工匠"式培育的空间极为有限，很少有机会到企业、生产一线考察学习，缺乏与企业高水平工匠的沟通交流，屏蔽了对新工艺、新业务的了解。

（二）"双师型"教师"工匠精神"培育策略

1. "双师型"教师"工匠精神"培育的五个必须

"教书匠"是社会对教师的谐称，具有一定程度的贬义。但从某种意义上说，教师也是工匠。现代职业教育"双师型"教师"工匠精神"的培育，当做到五个必须。

（1）必须爱岗敬业

教师是知识的传播者，爱岗敬业是教师应具备的基本素质。只有爱岗敬业，才能具有崇高的事业心和高度的责任感，以勤勤恳恳的态度、一丝不苟的精神去引领学生。一句话、一堂课、一次作业、一个班会、一番释疑都可以体现"双师型"教师是否具有爱岗敬业的工匠精神。

（2）必须严谨做事

校园无小事，事事皆学问，时时皆教育。工匠的成长必须有一种老实的态度、严谨的作风，甘愿从基础做起，从小事做起。作为"双师型"教师，必须脚踏实地，从点滴做起，积沙成塔，集腋成裘，一步一步走向"工匠"。

（3）必须认真教学

认真备好每一节课，专注上好每一节课，仔细批改每一本作业，用心指导每一场实践，坦诚解答学生每一个疑惑，就像工匠精雕细刻每一处细节。

(4) 必须注重身教

"亲其师，信其道。""双师型"教师要发挥自身的示范作用，时刻提醒自己以身作则，包括行为、仪表与谈吐。要求学生做到的事情，必须自己做到，使学生的心灵受到触动，从而产生理解和信任。

(5) 必须不断创新

创新发展是新时代的主旋律。面对职业院校存在的学生厌学、对专业陌生以及学习习惯不好等问题，"双师型"教师在日常的学生管理中，就要有服务意识和创新意识，建构新型的师生关系，传授新颖的知识技能。当然，"双师型"教师不能以其昏昏而欲使人昭昭，自己在教书育人上不创新、不进步、不"工匠"，怎能培育学生的"工匠精神"？

2. "双师型"教师"工匠精神"培育的三个坚持

精益求精、精雕细琢的"工匠精神"的形成非一日之功，需要对"双师型"教师进行全方位的培育。这主要体现在以下三个坚持上。

(1) 坚持职业标准，培育精益求精的工匠品质

现代职业教育的过程中，"双师型"教师需要打破传统的人才培养观念，树立人人平等的现代职业教育思想，改变过去重实践技能、轻人文素质的职业教育理念，注重"以人为本"与"工匠精神"的有机结合，将提升实践技能与人文素质结合起来，将社会对人才的需求与学校的人才培养标准结合起来，在教学实践中严格按照相应的人才培养标准执行，不断提升学生的一丝不苟、持之以恒的工匠意识，培育学生耐心、细致、循序渐进、精益求精的工匠品质。

(2) 坚持规范操作，培育一丝不苟的工匠技艺

现代职业教育教学的过程中，"双师型"教师要关注学生的每一个行为、每一个细节，处处严格按照企业的生产规范要求学生，将"工匠精神"的培育融入职业教育中，重点培育学生的耐心、细心、专注的职业品质，培育学生一丝不苟的工匠技艺，不断提升学生的服务意识与服务技能，这些既是培育学生的基本职业素养，也是"工匠精神"的基本要求。最终将"工匠精神"内化为学生的一种职业意识，同时也将"工匠精神"炼铸成"双师型"教师自身的职业素质。

（3）坚持职业情怀，培育执着敬业的工匠精神

现代职业教育过程中，"双师型"教师既要注重对学生的职业技能教育与培训，又要对职业院校的文化课程进行职业化改造，将现代的职业、产业、行业、专业等特征结合在一起，培育学生对职业的敬畏和对专业的兴趣，培育学生爱岗敬业的精神和热爱专业的职业情怀。"双师型"教师要通过自己的言传身教，提高学生对岗位职责的认知能力，让学生在实践学习的过程中做到躬行践履、知行合一，规范自己的实践操作，实现从知识、技能、态度到素养、精神、能力的高度融合，形成良好的职业情怀，在现代职业教育的过程中真正落实对"双师型"教师和学生之间"工匠精神"的双向培育。

第二节　职业院校"双师型"教师培育内容的夯基

一、着力促进专业成长

（一）教师专业化的基本含义

教师专业化是指教师职业具有自己独特的职业要求和职业条件，有自己的理想追求，有自身的理论基础，有自觉的职业规范和培养制度以及管理制度。

高度成熟的技能技巧，具有不可替代的独立特征，教师不仅是知识的传递者，而且是道德的引导者，思想的启迪者，心灵世界的开拓者，情感、意志、信念的塑造者；教师不仅需要知道传授什么知识，而且需要知道怎样传授知识，知道针对不同的学生采取不同的教学策略。

教师专业化既是一种认识，更是一个奋斗过程，既是一种职业资格的认定，是一种终身学习、不断更新的自觉追求，更是现代职业教育"双师型"教师培育发展的一处路标。

教师职业从经验化、随意化到专业化，经历了一个逐步发展的过程。如果从现代教学形式班级授课制的建立，教师开始成为一种专门职业算起，教师专业化已经经历了300多年的历史。20世纪80年代以来，教师专业化形成了世界性的潮流。教师专业化要求教师不仅是有知识、有学问的人，而且是有道德、有理想、有专业追求的人；不仅是高起点的人，而且是终身学习、不断自我更新的人；不仅是学科专家，而且是教育专家，具有像医生、律师一样的专业不可替代性。这就对现代职业教育"双师型"教师培育提出了新的要求。

因此，关注教师专业化，敏锐地感应这种变化，抓住机遇，迎接挑战是现代职业教育"双师型"教师培育必须面对的重要问题。

（二）我国教师专业化的进展

教师是国内较大的一个专业团体，承担着世界上最大规模的学校教育。尽管我国教师的教育教学活动已经在一定程度上达到了专业化标准的要求，但是与发达国家相比，尚有不小差距。我国小学和初中教师的合格学历起点偏低，部分教师职业道德意识淡漠，教育观念陈旧落后、创新意识和研究能力不强、教学方法和手段落后、知识面狭窄等都是不能忽视的重要问题。随着教育整体水平的提高，特别是随着基础教育改革的不断深化，我国的教师质量与全面实施素质教育要求的差距明显表现出来，改革与发展教师教育，推进我国教师专业化水平势在必行。

专业化与开放性是当前我国教师教育面临的两大问题。教师是专门职业，必须经过专门的学习和训练。要提高教师的专业化水平，目前教师教育的专业结构必须调整，要重建适应课程综合化和多样化要求的专业；加强实习实践环节，只有延长学制，才能兼顾学科专业学习和教师职业训练。

教师教育的开放是大势所趋，但开放的实质不是教师教育的转型，而是教师教育质量的提高。过去是师范院校之间竞争，今后师范院校还要与综合大学及其他院校竞争。实行开放的条件，就是必须实行教师资格证书制度。否则，就等于取消教师教育，等于不承认教师是一个专业化的职业。

专家指出，社会职业有一条铁的规律，即只有专业化才有社会地位，才能受到社会的尊重。如果一种职业是人人可以担任的，则在社会上是没有地位的。教师如果没有社会地位，教师的职业不被社会尊重，那么这个社会的教育大厦就会倒塌，这个社会也不会进步。

（三）现代职业教育"双师型"教师的专业成长

1. 现代职业教育"双师型"教师专业成长的内涵

现代职业教育"双师型"教师是相对于普通教育教师而言的，根据职业教育培养技能型人才的需要，对专业课教师提出素质和能力要求。"双师型"教师专业成长是专业课教师学习成长和再成长的过程，其基本内涵具有阶段性、职业性和终身性。第一阶段是专业课教师成长为"双师型"教师的过程，第二阶段是"双师型"教师向更高的目标奋斗，实现专业发展的过程。两个阶段都需要明确的目标引领和具体的指标界定。"双师型"教师专业成长既是教师职业领域的成长，也是行业企业职业领域的成长，这给"双师"赋予了双重职业属性。经济发展、行业企业转型升级、技术技能更新以及职业教育领域不断改革深化等因素，决定了"双师型"教师专业成长目标是动态和发展的。因此，"双师型"教师专业成长永远在路上，没有终点，应该属于终身学习理念范畴。

2. 现代职业教育"双师型"教师专业成长的误区

当前，职教界和社会上对"双师型"教师专业成长存在认识误区，在一定程度上制约了"双师型"教师培育，同时也影响了学校内涵建设和专业发展。

（1）变相的"唯文凭论"

这种观点认为，只要专业课教师取得了教师资格证或教师职称证，再去考一个职业技能资格证书，就是"双师型"教师；许多学校以此来统计和宣传"双师型"教师的比率。其实，"双证"只是"双师型"教师认定的指标之一，主要体现在表象上。加之当前职业技能资格证考试的局限和管理的不规范，造成了证书等级与实际的技术技能水平不相匹配。只看"双证"显然是"双师型"教师认定的误区，必须纠正。

（2）"低端"认识论

有观点认为，"双师型"教师的认定，不仅要看"双证"，还要看是否能胜任本职工作，专业课教师在具备"双证"的前提下，只要能够胜任德育和理论课教学，又会专业技能并带领学生实训，就是"双师型"教师。用这两方面来认定"双师型"教师并没有原则性的错误，但是，标准"低端化"了。因为能胜任和具有较高的教育教学水平，会操作能带学生实训和技术技能是否与行业接轨并达到技师水平，两者的内涵标准是不同的。"双师型"教师认定和要求的"低端化"，严重制约了专业课教师的成长和提高，也进一步影响到学校专业建设、校企合作和产教结合。

（3）"自我满足"论

"自我满足"论观点认为，学校支持教师专业成长组织并要求专业课教师参与教研活动、上公开课、撰写论文、进企业实践锻炼，不断提高教育教学能力和专业技能水平，这就是"双师型"教师的专业成长。其实，用这些措施来培育"双师型"教师，促进"双师型"教师专业成长是正确的，但仅凭这些措施和过程就认为是专业成长，就带有明显的模糊性，也是一种"自我满足"式的认识。这种误区缺乏较高目标的引领和成长水平的明确鉴定，容易使学校和教师在低水平阶段"自我满足"，从而制约高水平"双师型"教师的涌现，影响专业技术含量的积累和提高，进一步影响专业吸引力和现代职业教育办学吸引力。

3. 现代职业教育"双师型"教师专业成长的顶层目标

当前，各地相继制定"双师型"教师认定标准，如在职业资格上要达到"双证"要求，在工作能力上要达到"双能"要求，在职业背景上要达到"双重"要求，兼具教科研和技改能力，体现双重职业和技术技能的"双融合"要求等，总体原则上与现代职业教育自身内涵建设要求和价值取向相匹配，与区域内行业企业技术技能和素养要求相对接。

"双师型"教师标准的认定，强调优秀教师和优秀技师在同一个人身上不是简单相加，而是双向融合；能够把复杂的技术技能和行业素养以学生易懂、易接受的方式传授给学生，并根据行业和工作过程要求，整合理论知识、整合教学资源、进行课程设计，使学生乐于学习和训练。

但就"双师型"教师专业成长而言，仅具有以上标准的素质是不够的，已经成为"双师型"的教师还要继续学习和锻炼，实现更高标准的专业成长，专业的吸引力和现代职业教育的吸引力皆在于此。按照构建现代职业教育体系的要求，现代职业教育办学的使命和根本任务应体现在两个方面：一是培养技能型人才，满足行业企业现实的用人需求，以技术技能服务和支撑行业产业的发展；二是通过教育手段使自然人与职业结合，培养现代职业人，满足学生的职业发展需求。高水平的"双师型"教师正是这两个方面内涵的承载者和实施者。因此，要制订"双师型"教师专业成长的顶层目标，就要将着眼点提升到现代职业教育办学的使命和根本任务的高度上来。这个顶层目标包括以下五个方面。

（1）基本素质方面。具有"双高"职称，既有教师系列高级专业技术职称，又有专业对应工种高级技师或高级工程师资格。

（2）教学能力方面。要有高尚的师德修养和高水平的教育教学能力，传授学生知识与方法结合，树立学生自信与启迪智慧结合，达到本区域内名师或特级教师水平。

（3）专业技术方面。要掌握区域内行业尖端技术技能，能带领团队开展企业生产技术革新或经营管理改革，解决或协作解决企业在生产经营中的技术难题。

（4）科研能力方面。能够主持省市级以上科研课题研究，撰写论文、编写教材、课程开发等，在区域内有较大影响力。

（5）校企合作方面。"双师型"教师的专业成长，在取得相当大成就时，要在企业挂职或开展技术革新项目中，以现代学徒制理念当师父来带年轻教师和实习生；回到学校，又要在课堂和实训室带徒弟；以"双师型"教师专业成长为核心，推进现代学徒制从学校出发，在企业开花结果，回归校园生根发芽。以上五个方面目标，是现代职业教育"双师型"教师专业成长的顶层定位。确立这个顶层目标，并非苛求每一位"双师型"教师都要实现目标，而是让所有教师树立终身学习理念，不断学习和成长。"双师型"教师以顶层目标为引领的专业成长过程，将会给学校、社会和教师本人带来不断的惊喜。

4. 现代职业教育"双师型"教师专业成长的途径选择

现代职业教育"双师型"教师专业成长的途径很多，除了在自主学习中成长、在教学实践中成长、在科研课题中成长、在企业实践中成长之外，国际上可资借鉴的还有如下几种培育范式。

（1）知识范式——在教师培养过程中，人们首先认识到的是教师必须具备一定的知识，因此，教师教育中非常重视文化知识的传授，认为教师的专业化就是知识化。

（2）能力范式——20世纪60年代，人们逐渐认识到教师不仅要有一般的知识，更要有综合的能力，要有把知识表达出来、传递出去、教会学生的能力，要有与学生进行沟通、共同处理课堂事务的能力，于是由知识范式转向能力范式。

（3）情感范式——同样是在20世纪60年代，学者经过大量的调查研究发现，一个教师仅仅拥有知识和能力，不足以成为好教师，"当教师的知识水平达到一定程度时，影响教师教学水平和教学质量的是情感性因素"，因而强调教师对学生的爱心，即教师能否注意和关心学生的情感发展，教师自身是否具备情感人格方面的条件。

（4）"建构论"范式——随着皮亚杰对人的认识发生机制的研究以及建构主义哲学思潮的影响，认为知识是不固定的，不断扩展的，是在学习者和教学者之间互动共同建构的。因此，强调教师是成长过程中的人，需要不断地建构自己的知识体系，把知识变成完全个人化的而不是外在于自己的东西。

（5）"批判论"范式——强调教师不仅要关心书本知识，还要关心学科之外的社会政治、经济和文化的合理性。教师应当对课程与学校制度之外的整个社会保持一种关心、兴趣和审视的眼光，应当主动地介入社会生活，并保持一种独立立场。因而主张培养教师的独立思考能力。

（6）"反思论"范式——主张教师的成长应该培植起"反思"的意识，不断反思自己的教育教学理念与行为，不断自我调整、自我建构，从而获得持续不断的专业成长。这种培养范式正逐渐成为国际教师教育的主流。

二、构建自我监控体系

教学质量是职业院校长盛不衰的保证，也是现代职业教育"双师型"教师培育自我提升的需要。现代职业教育教学质量主要体现在三个层面：一是满足学生个人需求的程度，即学校的专业设置、师资水平等要满足受教育者的求学和就业及可持续发展的需求；二是满足经济社会需求的程度，即专业的课程设置、教学内容、教学过程等要满足用人单位和学校自身可持续发展的需求；三是满足政府需求的程度，即专业设置与开发要满足政府产业结构调整和就业与再就业的需求。教学质量本身具有多元性，它与学校的专业建设、课程开发、教学过程、资源管理等多个方面有关。对现代职业教育"双师型"教师培育而言，提高教育质量关键之一是构建教学过程的自我监控体系。

教学过程的自我监控体系是现代职业教育"双师型"教师对教学质量的一种自我监测与控制，它包括教师对于教学目标的把握、课程教学内容的分解、单元教学目标的设定，教学过程的设计与实施、教学效果的评价与改进五个方面。由于教学对象是有个性的学生，所以"双师型"教师在现代职业教育的教学过程中应突出"以人为本，因材施教"的教学理念。

1. 教学目标的把握

具体包括国家对现代职业教育培养目标的要求、社会对技能型人才的需求和提高职业院校学生文化素养的需要。现代职业教育"双师型"教师应在了解专业教学计划、熟悉相关课程教学大纲的基础上，通晓主讲课程的专业知识要求和职业技能标准，确定主讲课程的教学内容和教学目标。

2. 课程教学内容的分解

课程教学内容分解主要考虑以下四个方面：一是主讲课程的教学计划课时和总体教学目标要求；二是平行课程、后续课程对主讲课程的具体要求；三是职业技能对主讲课程的职业要求；四是职业学校学生的学习能力和学习特点。

3. 单元教学目标的设定

布鲁姆的教育理论认为，"目标教学"是一种在教学目标指导下进行的教学活动，根据目标评价教学效果，利用评价结果控制、调节教学活动的科学的教学模式。根据布鲁姆的教育理论，在教学过程中，应根据每一堂课的教学内容，为学生设定简单、明确的单元学习目标，在学习目标指导下开展教学活动，最后通过课堂练习和测验来检验学习目标的成效。

4．教学过程的设计与实施

职业教育的根本目的是培育人，不是选拔或淘汰人。进入职业院校的学生文化基础差，个体差异大，为了使每个学生都能得到适合自身特点的最佳教育和发展，"双师型"教师不仅是学生知识和技能的传授者，也是学生人生观和价值观的引导者。在教学过程的设计与实施中，可根据学生特点，着重做好以下几方面的工作：一是设定细化的课堂学习目标；二是采用直观的教学方法和手段；三是及时对课堂教学目标进行反馈；四是辩证地看待"教"与"学"的关系；五是引导学生树立正确的人生观和价值观。

5．教学效果的评价与改进

对现代职业教育"双师型"教师而言，教学效果主要体现在对学生学习成效的评价上。学习成效评价的目的有二：一是培养学生良好的学习习惯，树立正确的学习目的和态度，增强学习责任感，提高学习能力和学习效果，促进学生全面发展。二是帮助教师在教学过程中及时了解和掌握学生的学习情况，改进和完善教学内容和教学方法；根据学生的具体情况指导学生的学习，帮助学生提高学习能力和学习效果。

现代职业教育的发展取决于学校的教学质量，现代职业教育"双师型"教师教学过程自我监控体系的构建是提升教学质量的有效举措，既是"双师型"教师的职责，也是"双师型"教师自身培育和发展的需要。为了使现代职业教育满足政府、企业、学生的需求，实现"教师乐教、学生乐学、社会乐用"的愿景，现代职业教育"双师型"教师培育要夯实基础，不断关注社会的发展、科技的进步、学生的需求，不断学习新知识、新技术、新方法和新工艺，不断思考出现的新现象和新问题，使自己的教学更加贴近企业的实际、适合学生的特点、满足国家的需要。

第三节　职业院校"双师型"教师培育内容的深化

一、培育课程的开发与整合

（一）课程开发

1. 现代职业教育"双师型"教师培育课程开发实质

现代职业教育"双师型"教师培育课程开发的实质就是培育者将"双师型"教师的需求以及课程资源多方面要素进行收集、加工，并按照一定的目的要求加以整合的过程。

简单地说，"双师型"教师培育需求就是从事职业教育的教师"要求具备的"与"已经具备的"能力之差。目前，"双师型"教师培育需求可分为以下几个方面。

（1）社会发展对"双师型"教师的需求。科技进步与生产中高科技含量的增加，新职业技术岗位的出现及其智能含量的增加等，要求技术人才适应此岗位，这就给现代职业教育提出了更高的要求。所以，岗前培育和职后培育均是"双师型"教师的"必修课"。

（2）专业发展对"双师型"教师的需求。"双师型"教师作为一个专业人员，其发展内涵是多层面的、多领域的，"双师"教师的培育不可能像工业产品那样一次成型，其培育和修炼是一个长期学习与提高的过程。社会在发展，新技术、新工艺、新的培育模式的不断出现，需要"双师型"教师的业务水平也随之延伸。

（3）"双师型"教师个性发展的需求。在开发"双师型"教师培育课程中必须对"双师型"教师个体需求结构做周密的分析并以满足"双师型"教师个性发展为归宿，必须兼顾"双师型"教师个性发展的层次性、多元性，使之具有鲜明的个性特点。"双师型"教师的个性发展需求具有渐进性，课程开发必须循序渐进，由浅入深，梯度推进，滚动开发。在课程开发的内容、途径、手段等方面要重视"双师型"教师自身个性发展的需求，从单一走向多元。

"双师型"教师的"培育资源"是指用于支持和帮助学习活动的有关要素的总和，包括人、财、物、时间、空间以及信息等要素。一是前沿科学发展过程中产生的对职业教育有影响的相关知识；二是职业教育课程改革中形成的具有推广应用价值的科研成果；三是培育者及"双师型"教师个体的教学科研成果。值得指出的是，培育课程资源中，尤其要重视对培育者自身的课程资源的开发和利用。大多数"双师型"教师有着丰富的实践经验，他们不但是课程资源的摄取者，同时也是课程资源的拥有者。

2. 现代职业教育"双师型"教师培育课程开发原则

现代职业教育"双师型"教师培育课程开发必须坚持以下原则：一是体现现代职业教育改革理念；二是促进"双师型"教师培育的专业发展；三是加强实践能力教学；四是适应现代职业教育发展水平。

3. 现代职业教育"双师型"教师培育课程开发流程

现代职业教育"双师型"教师培育课程开发流程包括：通过分层分析法，确认培育需求，确立选项、专题、方式；综合各方面的因素，设定课程目标；编制培育方案、阐明培育的目的，说明培育的内容、顺序、教师类型及培育对象、培育形式、时间安排及实施措施。

（二）课程整合

现代职业教育"双师型"教师培育实践中，除了进行课程开发，还可从以下几个方面实施课程整合。一是课程结构整合，充分发挥现代职业教育的优势，构建"职业课程＋教育课程＋专业课程"相整合的课程结构。二是课程实践整合，现代职业教育"双师"教师培育的课程实施注重强化实践环节包括技能实践、工程实践和教育实践。三是课程指导整合，推行"校内导师＋校外导师"合作的双导师指导制度。"双导师"是指除校内导师外，在实习基地确定一名相应的专业人员作为指导教师。四是课程文化整合，现代职业教育"双师型"培育是一种特殊的文化形态和文化象征，"双师型"教师的成长发展依赖于"双师"文化。"双师"文化的培育是一项复杂的系统工程，需要构建一个由政府、职业院校、职业院校教师以及"双师型"教师群体共同参与的立体框架。"双师型"教师的复合型知识结构需要采取"学校与企业、工作与学习、理论与实践"等跨界性的课程文化来开设相关课程，专业课程（教材）开发中要吸纳职业文化。

二、网络学习空间的构建与应用

近年来，随着教育信息化的进程加快，现代职业教育"双师型"教师培育纷纷向网络空间拓展，收到了很好的效果，积累了丰富的经验。其中，湖南职教界的探索具有代表性。

（一）实地调研

课题组对省内 60 余所职业院校网络学习空间建设与应用情况进行专题调研，收集、查阅、整理了近年来网络学习空间建设与应用的相关材料，并对长沙民政职业技术学院、湖南化工职业技术学院、湖南工艺美术职业学院等院校重点进行了实地调查和走访座谈，取得了大量一手资料。调研结果说明：现代职业教育"双师型"教师培育急需信息化技术手段的"加盟"，而信息化网络技术也正寻觅合适的用武之地，"网络学习空间建设"恰是两者之间的天然结合部。采用网络学习空间为现代职业教育"双师型"教师培育服务大有可为，势在必行。

（二）搭建平台

按照网络学习空间建设总体设计框架，结合本土教育信息化资源，几经斟酌，确定了网络学习空间的建设方案，决定以省域职业教育网络交互式学习服务平台建设为依托，以网络空间教学为核心，探索"校校有平台，人人有空间"的信息化建设新模式，推动湖南现代职业教育"双师型"教师培育，快速搭建平台的工作在全省职业院校全面铺开。

教学的过程中，以"职教新干线"为基本架构并作为优质资源遴选汇聚、推送应用的重要平台。全省共建设机构平台与教学类平台数百个，师生个人网络学习空间数以万计，通过个人空间已发布海量视频资源和文本资源，覆盖中高职所有专业大类100余个专业、4 000余门课程的教学资源，视频浏览数、文章点击率与师生交流互动更堪称"海量"。一批专业教学仿真实训软件、技能大师技艺教学视频、数字博物馆、项目案例库逐步推出；发动一线教师建设了一批空间课堂教学资源，一线教师参与资源建设的比例：高职达60%、中职达45%。这些举措，强化了网络学习空间平台及资源建设，较好促进了现代信息技术与现代职业教育"双师型"教师培育的深度融合。

（三）应用经验

在推进网络学习空间建设与应用的过程中，教育信息化展现了巨大的张力，课题组取得了丰富的经验。

1. 创新了现代职业教育机制

通过网络学习空间建设与应用的课题研究，探索构建了"政府引导、企业参与，学校应用、服务驱动"的现代职业教育新机制。目前，网络学习空间在全省职业院校中得到了广泛应用。

2. 促进了"双师型"教师培育

全省自启动网络学习空间建设及应用以来，创新教学模式，改革教学方式与学习方式，促进了"双师型"教师培育。

（1）创新教学模式。一方面，以网络学习空间为依托，探索预约式教学、群组教学、自主探究课堂，促进了教学全过程、全时空交流互动。另一方面，利用信息化手段，优化人才培养方案，实施教学全过程评价，形成行业企业、社区居民、学生家长和师生全过程参与人才培养过程的新机制，并根据社会需求动态调整，大大提高了"双师型"教师的执教能力。

（2）改革教学方法。探索S-ISASL教学、表格教学、微卡互动教学等课堂教学新方式，师生交流互动成为常态；探索"云眼"教学，实现实训教学从"一对多"到"一对一"的转变；探索同步课堂，实现职业院校师生、企业专家同上一堂课；探索微信课堂和 3G 实景课堂，有效解决职业院校学生顶岗实习管理松散，教学指导难以到位等难题，优化了"双师型"教师的培育环境，提升了"双师型"教师的信息技术素质。

（3）改革评价方法。探索空间点名地图、空间学习日志，全程跟踪学生学习动态；利用空间平台，应用大数据客观分析教师的教学态度、教学效果；利用空间全程公开和管理技能抽查、毕业设计抽查等质量监测，使评价过程和结果公开、透明；利用空间，充分吸纳行业、企业专家参与评价；人才培养质量、各类标准在网上公开，发动社会评价教育。这些探索有效推动了职业教育过程评价和结果评价相结合，引导职业教育封闭性评价向开放性评价转变，促进了"双师型"教师培育效果。

（4）改革应用管理。近年来，全省职业教育行政部门和各职业院校利用网络学习空间，改变传统的监管方式，创新管理方式，致力实现职业教育管理现代化。一是利用空间开展评估评审。近些年，国家和省级职业教育重点项目全部通过空间申报、遴选和管理，遴选评审和验收采取专家网评的方式进行，确保了评审结果客观公正。人才培养工作评估采取网络评审和专家现场考察相结合的方式，既减轻了学校负担，又提高了评审效率。二是利用空间改革管理工作。全省近年启动的现代职业教育"双师型"教师强化培育和新技术培育，全部通过空间管理、跟踪服务，保证了培育质量，提高了培育效果。三是利用空间创新学校常规管理。通过院长话题、空间私信、学生网上一站通等方式，探索了校务公开和应急处置新机制；开设心理咨询、快乐德育、班级活动等主题空间，探索了德育和心理健康教育新方式，有效推动了学校日常管理横向到边、纵向到底、"双师型"教师培育到位。

3. 实现了可持续发展

网络学习空间的应用探索引发了湖南省职业院校学习形态、课堂形态和校园形态的转变，为推动传统学习转变为主动学习、自主学习、合作学习，有形课堂转变为无形课堂，传统校园转变为数字校园、智慧校园提供了条件。调研发现，网络学习空间在教育、教学与管理的应用过程中，学生是最大的受益者，学生变得更加自信、更加阳光、更加好学，变得有爱心、技能强、会学习,得到了行业认可、企业欢迎、家长认同。当然,"双师型"教师培育也取得了同步发展。更重要的是,通过网络空间教学的探索,在取得积极成效的同时,也发现优质网络课程建设与应用方面仍存在不少突出的问题,如:网络空间优质资源建设不足、缺乏空间优质教育资源建设的遴选和推送机制、网络空间优质资源共享困难等。为解决这些难题,课题组知难而进,向理论深度拓进,开发出学术含量更高、推广价值更大、获奖层次更高的"职业教育名师空间课堂"课题,实现了并不多见的现代职业教育"双师型"教师培育的可持续发展。

第四节　职业院校"双师型"教师培育内容的渗透

一、"跨界"的培育路径

(一)"跨界"意义

随着现代职业教育的快速发展,其办学过程逐渐跨越学校的围墙,延伸到社会、企业、事业的疆域。无论是校企合作,还是工学结合,都从学校"跨界"到校门以外,"跨界"可以说是现代职业教育区别于普通教育的特征之一。现代职业教育"双师型"教师的跨界培育,是"双师型"教师自身发展与时代变革彼此互动的一个过程,它既回应了教师个体发展的内心诉求,也迎合了现代职业教育蓬勃发展的现实需要。在教师专业化已经成为现代教师发展典型范式的背景下,现代职业教育"双师型"教师跨界培育由于职业教育本身的特殊性而表现出了独特的内涵。以现代职业教育的"跨界"特征为基点,"双师型"教师必须跨越"职界"与"校界",即既能从事教学工作,又能承担社会服务,并具备相应的实践技能,做到所跨之"界"兼而顾之。

现代职业教育"双师型"教师的跨界培育，是"双师型"教师个体不断成长、持续完善和全面进步的要素，更是适应现代职业教育自身发展需要与社会经济对人才培养需要的不二选择。随着我国大力推动产业结构的优化升级，高新技术产业和新型服务业都对现代职教教师的知识结构、知识体系和知识层次提出了新的要求。要发展现代职业教育，就必须促进职业教育教师的跨界发展。为适应社会经济转型与产业升级对技能型人才的需求，增强职业教育办学的吸引力和核心竞争力，现代职业教育的办学模式必须进行相应的转型，人才培养规格必须进行对等升级，"双师型"教师的跨界培育便是其中的重要一环。毋庸置疑，现代职业教育"双师型"教师跨界培育，是职业院校教师队伍建设的特定要求，是职业院校教学改革的必然选择，更是现代职业教育"双师型"教师培育的特色所在、本质所系。现代职业教育"双师型"教师的跨界是历史进步使然，是现代教育改革使然，是"双师型"个人价值实现的需求使然。随着教师跨界在现代职业教育领域的不断演进和变革，"双师型"教师越来越成为职教教师专业化的"形象代言人"，也成为推动现代职业教育改革和发展的强劲动力。

（二）"跨界"典例

目前，国内很多职业院校积极探索的"教师工作室"，正是现代职业教育"双师型"教师跨界发展成长的路径之一。

工作室教学模式发端于德国的包豪斯设计学院。早在20世纪初，为了培养出既具有较高理论素养，又掌握工艺技能的高素质人才，包豪斯设计学院开始尝试"艺术与技术相联合"的作坊教学。我国职业院校的工作室教学是在借鉴德国包豪斯设计学院双轨制教学的基础上，结合自身学校及教育特点逐步发展而来的。

在现代职业教育改革的实践中，经济社会的发展对职业教育转型升级提出了更高的要求，"双师型"教师的工作职能出现了深刻的变革，这种变革投向"双师型"教师的工作实践，提高了"双师型"教师劳动的复杂程度和创造性质。这些职业院校的跨界探索，无疑重新诠释了"双师型"教师专业化的含义，也为"双师型"教师的成长搭建了更为优质的平台。

"双师型"教师的专业化不应该只是一种期待,它更需要理性的变革和整体的规划。在专业化发展的过程中,自下而上的探索,比如"双师型"教师的意愿、学校的实践,这些固然重要,但是自上而下的扶持,比如从国家战略和各省教育发展的角度出发,在体系建构、渠道建设、管理创新、制度改革、经费投入等方面加大"双师型"教师专业化力度,同样刻不容缓、意义重大。可喜的是,近年来,不论是中央,还是地方政府,都越来越重视职业教育的发展,相继出台了很多措施(跨界工作室即为一例),并加大了对职业教育的投入,力度之大令人振奋,"双师型"教师培育也取得长足进展。

(三)"跨界"视域

国家层面,教育部和财政部合力推进,中央和省两级实施,"双师型"教师培育政策迅速落实。为贯彻落实《国家中长期教育改革和发展规划纲要(2010—2020年)》提出的完成培育一大批"双师型"教师、聘任(聘用)大批有实践经验和技能的专兼职教师的工作要求,进一步推动和加强职业院校教师队伍建设,教育部、财政部于2011年11月正式发布《教育部财政部关于实施职业院校教师素质提高计划的意见》(教职成(2011)14),该计划提出:2011—2015年,组织45万名职业院校专业骨干教师参加培训,其中中央财政重点支持培训10万名,省级培训35万名,提高教师的教育教学水平特别是实践教学和课程设计开发能力;支持2万名中等职业学校青年教师到企业实践,提高教师的产业文化素养和专业技能水平;支持职业院校设立兼职教师岗位,优化职业院校教师队伍的人员结构;支持国家职业教育师资基地重点建设300个职教师资专业点,开发100个职教师资本科专业的培养标准、培养方案、核心课程和特色教材,加强基地的实训条件和内涵建设,完善适应教师专业化要求的培育培训体系。随后的12月24日,《教育部关于进一步完善职业教育教师培养培训制度的意见》颁布,这为进一步加强现代职业教育"双师型"教师"跨界"培育铺平了道路。

自下而上的愿景,融合自上而下的措施,以跨界的视域引领"双师型"教师的培育,不仅为"双师型"教师自身的发展提供了广阔的空间,也为现代职业教育的跨越式发展创造了良好的主观条件，更为新时代培养出既具有一定的理论知识，又掌握扎实的专业技能的高素质人才，这是现代职业教育"双型"教师培育的理想路径。

二、"一体化"的培育取向

随着现代职业教育办学规模的扩大，办学周期的延长，对现代职业教育的质量要求也愈来愈高。教育部要求职业院校要"改革教学方法和手段，融教、学、做为一体，强化学生能力的培养"。现代职业教育"双师型"教师一体化培育适应现代职业教育特点，体现以学生为主体的先进教学理念，将实践教学与理论教学有机结合，在培养学生综合素质的同时，也强化了"双师型"教师培育。

（一）现代职业教育"双师型"教师"一体化"培育的意义

早在20世纪20年代，陶行知先生就提出"教学做"合一的教育思想。"双师型"教师一体化培育是现代职业教育"双师型"教师培育的重点举措。

我国多数高等院校传统的课程结构是先基础文化课、后专业基础课、再专业课的学科式课程体系，其特点是以学科为中心，强调课程的科学性、系统性和完整性。现代职业教育应我国经济技术的发展而生，目标是要培养出符合社会需求的技能型人才，其教学一开始也采取上述学科式模式，存在如下主要问题。

（1）不曾摆脱传统的普通高等教育教学模式，教师习惯于以课堂教学为主，以理论教学为主，习惯于布置作业、批改作业、解答问题。

（2）教师大部分来自普通高等学校和普通中等职业学校，职业院校毕业的师资占少数，"双师型"教师偏少，理论教师偏多，不少教师只会"教"不会"做"，实习指导教师严重不足。

（3）从企业中聘任的兼职教师数量不足，达不到教育部规定的应占专业教师比例大于16%的要求；并且多数从企业聘任的教师只会"做"，不会"教"，结果造成教学资源的浪费。

（4）相关的软件措施不适应"教学做"一体化教学模式。例如：考试方法单一，考试制度不适应课程改革的要求；教材、教学计划、教学大纲不适应课程体系改革的要求。

（5）缺乏与本专业相配套的教学设备和实验设施。即使有些学校教学理念达到了"教学做"一体化，但实际上只是在做表面文章，不舍得投入经费进行"教学做"相关的硬件改造，只是在纸上谈兵。

在新制定的国家级现代职业教育评估标准中将"一体化"教师作为一个重要的评估指标，凸显了"一体化"教师在现代职业教育发展中的突出作用。现代职业教育对"双师型"教师一体化培育的践行，是现代职业教育"双师型"教师培育的重要内容。

（二）现代职业教育"双师型"教师"一体化"培育的界定

"一体化"课程是指在技能操作实习教学过程中，融入相关理论知识来提高学生在技能操作中的理解，加深对于技能操作规律的掌握。"一体化"课程的基本要素在于将理论教学与实践教学融为一体，在技能训练的课程中进行相关理论知识讲解，而不是一段时间讲理论、另一段时间进行技能操作。

"双师型"教师要进行"一体化"课程的教学。首先，要有技能操作的基础，因为真正掌握技能操作，不是一日之功，必须有多年技能操作的实践，才能处理在技能教学过程中的问题。其次，教师要具备一定的相关理论知识，能够从原理的角度来分析学生在技能操作中出现的现象，总结出技能操作的规律，让学生在理论知识的指导下，进行技能操作训练。所以，作为"一体化"教师，要在以技能操作水平为基础的同时，具有一定的理论水平。

（三）现代职业教育"双师型"教师"一体化"培育特点

所谓"一体化"教师，就是指能够同时胜任专业理论教学和能实习指导教学工作，了解掌握、熟悉企业生产服务一线的新知识、新技术、新工艺，掌握一定深度和广度的专业技能，能适应实现教学目标的承担"一体化"课程教学工作的教师。

"一体化"不仅仅是一种追求,而且是实际存在的。因此,现代职业教育"双师型"教师一体化培育,应具有一定的量化指标,包括技能指标、专业指标和学历指标。

(四)现代职业教育"双师型"教师"一体化"培育特点

"双师型"教师"一体化"培育的核心含义在于与"双师型"教师的不同要求。

一是对技能操作水平要求不同。"一体化"培育不仅必须具备生产中的操作能力并达到高级工以上水平,还必须在教学过程中给学生演示或直接进行生产操作。

二是所承担的课程要求不同。"一体化"培育所承担的是"一体化"课程,该课程是以技能操作课为基础,在学生进行技能操作的过程中,进行专业技术理论的传授,使学生更易于掌握专业技术理论知识在生产实践中的应用,对教师的技能水平要求较高。

可见"一体化"培育是在"双师型"基础上的更高要求。这也正是现代职业教育"双师型"教师一体化培育的意义所在。

(五)现代职业教育"双师型"教师"一体化"培育目标

为了适应现代化需要,培养高素质熟练劳动者。我国各职业院校普遍实行了专业理论和实习的一体化教学。所谓"一体化"教学是指专业课的理论与实践教学有机地结合起来,实行教学"一体化"、教学场地"一体化"、教材"一体化"、教师"一体化"。"一体化"教学,通俗的理解是为了使理论与实践更好的衔接,将理论教学与实习教学融为一体,即:实践—理论—再实践的"一体化"。其内涵主要是打破传统的学科体系和教学模式,根据职业教育培养目标的要求来重新整合教学,体现能力本位的特点,从而逐步实现三个转变,即从以教师为中心如何"教给"学生,向以学生为中心如何"教会"学生转变,从以教材为中心向以教学大纲和培养目标为中心转变;从以课堂为中心向以实验室、实习车间为中心转变。现代职业教育"双师型"教师"一体化"培育的能力目标则成为提高教学质量的关键,它要求教师既是讲师又是技师,既要能系统地讲述理论知识,又要能指导学生进行操作训练;既要组织整个教学活动,又要管理实习所需设备、工具、材料等。这显然是现代职业教育"双师型"教师培育的"高级阶段"。

(六)现代职业教育"双师型"教师"一体化"培育要点

现代职业教育"双师型"教师"一体化"培育必须掌握以下要点:一是以硬件投入为前提,建设集教、学、做于一体的"一体化"教学场所;二是以教材和教学标准为依托;三是以课程创新为核心;四是以实操应用为基础;五是以考核评价为抓手。

陶行知先生曾说过:"教学做是一件事,不是三件事。我们要在做上教,在做上学。""一体化"教学模式体现了以基于能力本位为培养目标、以基于学生为中心的教学组织、以成果为鉴证的教学评价,是以教师为主导、以学生为主体的有效教学形式,能有效解决理论教学与实践教学的脱节问题。这是现代职业教育的真谛,也是现代职业教育"双师型"教师"一体化"培育取向的真义。

三、"联合"的培育功能

现代职业教育"双师型"教师联合式培育是一种以培养学生的全面素质、综合能力与就业竞争能力为目标,以现代职业教育"双师型"教师培育为重点,利用学校与企业两种不同的教育环境和教育资源,采取课堂教学与实践教学有机结合的方式,培养适合社会需要的、具有全面素质与创新能力人才的教育模式,也是现代职业教育"双师型"教师培育的重要内容。

(一)现代职业教育"双师型"教师联合式培育的特征

现代职业教育"双师型"教师联合式培育的一般特征包括:培养目标

的应用性、专业设置的职业性、教学内容的针对性，其突出特征为：主体与环境的双元特征更明显，学生实践情境更真实，人才的输入与输出更通畅，"双师型"教师培育更有效。

（二）现代职业教育"双师型"教师联合式培育的主要类型

现代职业教育"双师型"教师联合式培育在借鉴国外合作教育经验的基础上，开展了多种多样的试验，创造了多种多样的形式，主要有"工学交替"式、"2＋1"式与"订单"式等几种形式。

1."工学交替"式

这种形式是将一年分为三个学期，每一学年中有两个理论教育的学习学期，一个到企事业单位顶岗实践的工作学期，是一种学生到企业生产实践与在学校理论学习相互交替、学用紧密结合的办学模式。本模式的最大特点是，学生先到企业实践然后进行理论学习，企业参与育人的全过程，学生具有双重身份，在校学习理论时是学生，在企业实践时是企业员工。这种模式突出了实践在学习中的作用。

2."2＋1"式

这是我国职业院校常用的一种校企联合方式。具体讲，就是三年教学中，两年在学校学习，一年在企业实践。校内教学以理论课为主，辅之以实验、实习等实践性教学，校外实践以上岗实习为主，同时学习部分专业课，结合生产实际选择毕业设计题目，并在学校与企业指导教师的共同指导下完成毕业设计。"2＋1"不完全是一个时间概念，不是两年与一年的简单叠加，而是强调对学生综合素质、动手能力及解决实际问题能力的培养。

3."订单"式

这种形式就是学校以企业用人协议（订单）为依据，根据企业的用人要求组织人才培养工作，实现产销链接，对口培养确保人才培养与社会需求同步。

第五章　职业院校"双师型"教师的培育方法

加强师范性教育培训，是提高"双师型"教师教学水平及教学能力的有效途径；开展教学方法交流及讲课比赛等活动，也是提高"双师型"教师教学能力和保证教学质量的有效措施。

第一节　强化培育意识

一、突出培育核心内容

（一）教学能力培育

现代职业教育的培育目标是技术应用型人才，所以在课程设置及教学模式上也应以此为主线。学生的技能培育是通过实践教学来实现的，而实践操作中涉及的使用原理、问题分析等又需要专业理论知识的支撑。课程设置与教材选用也应该具有理论知识适度、技术应用能力强、知识面广泛的特点。教师在设定教学内容和方法时，更要注重将理论教学与工作实践紧密结合，使学生能学以致用。这一过程可视为"双师型"教师教学能力的自我培育。

（二）实践能力培育

现代职业教育一般实践性都很强，"双师型"教师在教学过程中除需重视理论教学外，还必须加强实践教学，注重培养学生独立思考、分析和解决问题的能力。这也必然要求"双师型"教师具有丰富的岗位实践经验。但在传统教育体制下，培养的教师虽然具有丰富的专业理论知识，却未必了解企业生产、管理的实际，缺乏组织学生进行专业实践活动的经验和技能。很多设备及生产线，"双师型"教师大多仅看过没做过，教学过程无法形象生动，只能照搬书本理论知识；专业知识老化陈旧，知识面狭窄，课堂讲授内容没有足够的广度与深度。

现代职业教育"双师型"教师培育应把实践能力培养作为重要内容。加强"双师型"教师定期实践培育，并以制度规范之，是提高"双师型"教师实践能力的有效途径。学校应加强与企业的紧密合作，互通有无，实现资源共享和互补。可以将具有丰富理论教学经验的教师有计划地送入企业实践锻炼，使知识结构随技术发展及时更新。还可以面向社会及企业聘用实践经验丰富的专业人员担任兼职教师，促进学术型和技能型的教师相互转化。

（三）科研能力培养

积极引导教师开展科研，是建设高质量"双师型"教师队伍的重要保证。现代职业教育"双师型"教师培育应开拓出有自己的特色道路，不能盲目向普通高校靠拢。应将重点放在如何培育"双师型"教师的方向上。"双师型"教师必须具有一定的科研能力。通过进行科学研究，"双师型"教师能够提高其自主创新能力，在拓宽视野的同时，加深对教学内容的理解，使知识结构及时更新，提高自身的综合素质。科学研究内容反映了本学科的前沿动态，这也有助于教师在教学过程中改进教学方式、更新教学内容，以拓宽学生知识面、提高教学质量。

二、精心设计培育课程

目前，全国有 66 家全国重点建设的职教师资培养培训基地，国家主要依托这些基地实施"双师型"教师的国家培育计划。国家培育计划应精心设计现代职业教育"双师型"教师培育内容，开设系统培育课程，有效提高现代职业教育"双师型"教师的综合素质，促进"双师型"教师队伍建设。

（一）理论知识系统化

"双师型"教师参加各基地的国家级培训，在时间和课程安排上都有相对统一的规定，各基地严格要求参培教师完成培训的所有课程，以确保培训目标的实现。

"双师型"教师需要具备教学创新能力和教学研究能力，没有系统化的理论知识，教学创新能力和教学研究能力将无从谈起。因此，系统化的理论知识在系统培育课程中不仅不能省略，而且十分重要。它有助于"双师型"教师在职业教育人才培养中，用研究者的眼光去发现问题、解决问题，提高对本专业领域问题进行深度研究的能力。

传授系统化的理论知识是系统培育课程的优势，为保证专业理论的系统化培训，应认真制订"双师型"教师培育方案，抓紧课程和教材开发工作。统一开发出来的培育课程和教材需要不断完善与充实，以保证"双师型"教师培育的专业理论知识培训。

（二）技能知识实践化

除了系统化的专业理论知识培训外，"双师型"教师将理论知识应用于实践、提高解决实际问题的能力在培育中同样重要。要积极促进"双师型"教师专业理论和技能水平的同步提高，这也是现代职业教育"双师型"教师培育与普教教师培训最根本的区别。

（三）教育理念国际化

参加现代职业教育"双师型"教师培育，能使"双师型"教师视野开阔、教育理念新、职教信心强。系统培育课程使他们学会了用分层法给学生上课，用欣赏法鼓励学生，用以生为本的思想尊重学生。现代职业教育"双师型"教师培育可以通过专题讲座等形式来实现，聘请国内外职教研究专家介绍国内外职业教育办学模式、教学模式和教学方法，引导"双师型"教师形成国际化的职业教育理念。

（四）教学手段现代化

教学手段现代化是所有教育类型在现代化教学进程中的必然选择。进入21世纪以来，在国家大力发展职业教育的方针政策下，各职业院校尤其是示范性职业院校的硬件建设取得了十分可喜的成绩，现代化的多媒体教学设备被广泛运用，各种教学课件的制作软件也应运而生。如何选择和使用好这些设备和软件，增强学生的学习兴趣，提高教育教学质量，是现代职业教育"双师型"教师培育中普遍面临的一个问题。

现代职业教育"双师型"教师培育方案应安排一定学时的备课、说课及教学演练环节。每位参培的"双师型"教师把自己在教学中的专长、绝活和经验，通过课堂教学实践或经验交流会等方式向大家展示，互相启发、共同提高，以提升"双师型"教师教学手段现代化的能力和水平。

三、充分发挥培育优势

职业技术师范教育兼具师范教育和职业教育的特点，是我国高等教育领域中的特殊群体，多年来为国家职业教育提供源源不断的师资，为职业技术师范教育的发展不断开辟新的道路。而今，他们也应成为现代职业教育"双师型"教师培育的主力之一。

职业技术师范教育是高等教育系统的组成部分，但又有不同于其他高等教育的特殊属性，人才培养的学术性、职业性和师范性是其本质特征。对学生（此时的"学生"毕业后即是走上职业教育岗位的"教师"）进行抽象系统的学科理论培养，让学生掌握某一专业的高深专门知识，即"学术性"；因毕业后从事职业教育工作，所以职业技术师范生必须熟练掌握某一职业或技术的操作规范与技能，即"职业性"；日后从事职业教育需要掌握教育与教学工作的知识与技能，因而必须学习教育学、教育心理学及专业教学法课程，称为"师范性"。学术性是理论基础，职业性是实践要求，师范性是最终目标，三者相互交叉、相互渗透、相互促进，共同构成了一个系统的职业技术师范教育体系，积累了极为丰富的经验与研究成果，储备了大量从事职教师资培养工作的人才资源，形成了现代职业教育"双师型"教师培育的特殊优势。

这种特殊优势是现代职业教育"双师型"教师培育特别需要的。这些优势包括：第一，"双师型"教师的专业精神。包括爱岗敬业、热爱学生，对教师职业的自尊自信，注重"动手动脑，全面发展"的教学思维以及对职业教育深刻的认识。作为一名"双师型"教师，若缺少了专业精神支撑，其专业素质将存在极大缺陷。第二，"双师型"教师的专业知识。包括学科知识、教育心理类知识、组织管理类知识及其他综合性知识。第三，"双师型"教师的专业能力。职教师资的专业能力不是他们在某一门技术或学科方面的专业能力，而是其作为技术或学科的传授者，作为一名教师所应具备的教育教学方面的能力。第四，"双师型"教师的实践能力。突出表现为实训教学中的技能指导能力、与行业发展实际相结合的技术跟踪能力以及实际操作开发能力。如此优秀的现代职业教育"双师型"教师培育资源，岂可不重而用之？

据统计，目前我国支撑普通教育师资培养体系的师范院校共有140余所（其中重点师范大学6所），而全国独立设置的职业技术师范院校仅有8所，占全国师范院校总数的5.7%，依靠现有的职教师资培养院校难以满足职业学校的教师培养需要。专业设置的有限性也使得职业技术师范教育专业无法覆盖现代职业教育专业。因此，原有的职教师资培养体系必须改革，应积极从师范教育向现代职业教育"双师型"教师培育转轨。

鉴于职业技术师范教育在培养职教师资方面的独特优势，在大力发展职业教育、提高职业教育办学质量的新形势下，更应积极发展职业技术师范教育事业。职业技术师范院校则应坚持多年形成的敢于创新、大胆探索的办学风格，继续创新现代职业教育"双师型"教师培育模式，培育更多、更高层次的职业教育需要的，既能讲授专业理论又能指导学生实践的"双师型"教师，更好地发挥在培养职教师资方面的骨干和示范作用。同时，要急国家之所急，想国家之所想，努力为中西部和边疆民族地区培养下得去、留得住、教得好的现代职业教育"双师型"教师，体现其不可替代的特殊作用，为现代职业教育发展做出贡献。

因此，特别需要建立支撑现代职业教育"双师型"教师教育的国家制度和培养体系，突出职业技术师范院校对于现代职业教育"双师型"教师培育的特殊优势。

四、建立健全激励机制

建立健全激励机制，是促进现代职业教育"双师型"教师培育的重要策略。心理学理论认为，人人都需要激励。个体在适合于本身需求的外部刺激下，会产生一股强大的自动力，这种自动力是个体积极性的源泉。而激励的最大作用则是激发"双师型"教师的潜力。"双师型"教师队伍的质量提升，除了依靠常规管理措施外，还应该通过激励机制，将提高"双师型"教师质量水平转化为其本人的内在需求，才能获得更加满意的效果。由于"双师型"教师是理论知识和实践能力都造诣较深的教师群体，承担着较一般教师更为繁重的工作任务。因此，应加大"双师型"教师培育的激励力度，制定"双师型"教师培育的奖励政策，使"双师型"教师在职称晋升、出国培训、工资津贴等方面享有相对优厚的待遇，以保证"双师型"师资队伍的稳定，同时也便于吸引更多优秀人才投身现代职业教育，更好地促进"双师型"教师队伍建设。尤其在职称、职务晋升方面，要充分发挥职称评审、业绩考核的导向作用，根据现代职业教育"双师型"教师的特殊性，出台"独立的"职称评审标准，制定独立的考核办法，把技能考核作为现代职业教育"双师型"教师职称评审的主要指标，适当调整学术标准，真正体现现代职业教育对"双师型"教师的培育要求。学校要设立"双师型"教师津贴等激励机制，促使更多教师成长为"双师型"教师。应尽可能将单位整体利益与"双师型"教师的个人利益挂钩，让他们清楚地感觉到单位的兴衰对自己前途、利益的影响，以调动"双师型"教师的潜力。为了鼓励和支持"双师型"教师自觉学习实践，尽快提高"双师"水平，学校可实行以下奖励办法：教师到企业进行提高双师水平的顶岗实践，核定给一定数量的工作量；教师参加提高"双师"水平的学习培训费用由学校全额报销；教师考取"双师"性质的技能技术证书，发给一定的奖金；"双师型"教师上课，在相同情况下，课时酬金提高一档；各系每建成一个"双师型"教师培训基地，学院给予适当的奖励并划拨给实训基地一定的运转经费。

五、制订双层培育计划

学校与教师双层各自拟订培育计划，是促进现代职业教育"双师型"教师培育和重要策略。

（一）教师拟订个人培育提升计划

教师必须制订个人的具体的、有可操作性的双师素质培育提升计划，写明每学期在什么时间进行技能技术的学习和实践及预期达到的目标。培育计划必须经教研室讨论，系主任审核，严格执行。

（二）学校拟订培育计划

学校拟订的现代职业教育"双师型"教师培育计划，必须包括以下主要内容。

（1）总体目标：为适应地区产业发展与产业升级，满足学校专业调整和优化的需要，坚持以人为本、自培为主的思想，多途径、多形式地提高专业教师专业技能，以满足任务引领型项目教学模式下的新一轮课程教学需要，全方位地促进每一位教师的专业化成长，努力建设一支专兼结合、素质优良、结构合理、特色鲜明、高质量的"双师型"教师队伍。

（2）具体目标诸如：学历达标任务、全员培训任务、骨干培训任务、拓宽渠道任务、提高技能任务等。

（3）具体措施包括：加强师德建设、开展校本培训、建立专业教师实践制度、加大骨干教师培育力度等。

第二节　优化培育环境

现代职业教育"双师型"教师培育直接决定着现代职业教育发展的规模、速度和人才培养的质量，加强"双师型"教师培育是办好现代职业教育的一项战略性措施。拓展培育空间是优化现代职业教育"双师型"教师培育环境的重要举措。

拓展现代职业教育"双师型"教师的培育空间主要从以下两个方面着手。

一、拓展现代职业教育"双师型"教师专业成长空间

"双师型"教师的成长与发展是其职业理想、职业道德、职业情感、职业能力不断走向成熟的过程，是作为社会成员的教师从接受教育的学生，到初任教师，到有经验的、成熟的"双师型"教师，直至有成就的教育家的持续过程。为了提高教师地位和质量，教师成长与发展的主题已日趋集中在专业化方面。

"双师型"教师的专业化发展大致可分为三个主要阶段。

（一）开启阶段

教师任教伊始，适应期的长短（一般在1～3年）或成效的大小主要取决于学校环境与个人努力程度。学校环境主要与学校的校风、教风和学风有关。"双师型"教师的个人努力一般可从下述几方面入手：学习并熟悉本专业教学大纲（或课程标准）和教科书；熟悉学校教育教学环境，寻找

可利用的相关课程资源；向经验丰富的教师学习；练习备课教学、评价等教学基本功；熟悉实践（或试验）所需示范操作的技能；利用现代传媒作为教学手段等。

（二）成熟阶段

这一阶段往往持续时间较长。在这个阶段，"双师型"教师积累了一定的教育教学实践经验，特别关注学校制定的教育教学任务目标的达成，并开始取得初步的教育教学成果，期望专业职称的晋升，争取更多的外部评价。这一阶段"双师型"教师努力的主要方向是：对教学大纲（或课程标准）和教科书进一步领会；独立备课与设计教学，开始对教学有批判性的反思；总结教学经验与校内外同行交流、研讨；熟练使用现代教育技术手段辅助教学；开始认识到邻近学科对于理解本专业的内容也是重要的，并寻求它们与本专业的结合点等。这一阶段是"双师型"教师专业化成长的关键时期，是他们专业信心得以树立的时期，也是他们形成教学风格和特色的奠基时期。

（三）发展阶段

这是那些具有不懈追求精神的"双师型"教师专业化成长的最高境界。他们已经走过关注目标和追求外部认可的阶段，进入形成风格、追求特色、自我超越或自我实现的新阶段。集中表现对教学大纲（或课程标准）和教科书有独到的研究和见解，并能结合实际，灵活使用教科书；教学设计从学生的实际出发，不拘一格；关注学生的全面发展，并能重视学生的差异性，引导学生确定职业生涯规划，充分挖掘每个学生的潜能；能对教育教学实践进行深刻的反思和自我调节，并将丰富的教学经验提升到教学实践理论；在教育教学某一方面形成具有品牌效应的个人风格或特色；总结有特色的教学经验或撰写较高水平的论文，并对推广自己的教育教学成果具有强烈的自信心等。当然，上述三个阶段只是理论上的大致划分。其实，"双师型"教师专业化成长是一个连续的过程，并无绝对的界线，而且"双师型"教师职业生涯也并非总是积极的成长过程，其间也会有停顿、低潮，甚至会出现职业倦怠、不思进取、得过且过、抗拒变革等现象。这表明"双师型"教师的成长与发展的过程是复杂的、动态的，是"双师型"教师个体回应各种影响因素的互动过程。现代职业教育"双师型"教师培育应依据"双师型"教师成长的规律及特点，努力拓展其培育空间，给予适时而有力的帮助、教育，促进其自我教育，以发掘其潜能，促进"双师型"教师的成长与发展。

二、拓展现代职业教育"双师型"教师培育过程空间

现代职业教育"双师型"教师培育必须努力拓展培育的过程空间，主要在其职前、入职、履职三个阶段加以全程拓展。

（一）职前培育阶段：严格选拔

国内外大量研究表明，"双师型"教师的"先天素质"对他们日后的卓越表现起着一定的先决作用，许多"双师型"教师的一些个性品质和特殊能力在进大学之前就已初步具备或基本形成。因而，必须严把职业教育师范生的录取关，选择那些有志于职业教育且具备一定教师职业素质潜能的学生。

（二）入职培育阶段：校本培训

新教师入职初期在角色适应上会遇到一系列的问题，应由具有丰富教学经验的老教师一对一地加以指导，可以使新教师更好地解决教师角色适应过程中所遇到的问题。这叫"老带新"或"师徒结对带教"。这是一种新教师进行校本培训的特殊模式，很早就流行于各国，在其他许多行业的教育或培训中也广泛应用，有着较好的效果。

当然，要使这种传统模式在信息化时代的今天更好地发挥效用，就必须进一步完善它。如采取对带教者素质进行研讨、建立带教者支援系统、打造新教师支援的网络平台等行动方案来完善"老带新"中带教者的素质。有研究者通过研究，提出了带教者的六条素质要求：能够帮助新教师

找到工作中的成功因素和令人满意之处；能够接受各种类型的新教师，包括业务基础差的、过于自信的、不老练的、戒备心理强烈的等；善于为新教师提供教学方面的支持，通过听课及课后讨论，与新教师分享教育观念；善于处理各类人际关系，能用新教师可接受的方式来调节自己的带教指导行为；能够做不断学习不断提高自我的表率；善于向新教师传递希望和乐观主义精神。另外，带教者支援系统常常挂靠在一些实力雄厚并覆盖全国的专业协会下，它们通过网络等途径为带教者及带教者培训提供大量的帮助和免费咨询。而专门开设的新教师支援网络则全天提供免费或非免费的服务，具体的项目丰富多样，诸如学科方面的咨询、一般教育教学技能的指导疑难问题解答、老教师成功经验分享、新教师聊天室等。

（三）履职培育阶段：继续教育

当今，终身教育理念已深入人心，它意味着教师的职前教育只能为基本合格"双师型"教师培育提供"基础教育"，而不可能是终结性教育。要成为成熟"双师型"教师或优秀"双师型"教师，还必须在履职后的继续教育过程中不断培养自身的终身学习能力、自我发展能力和创新能力。

在培育内容上，强调理论与实践的适配。"双师型"教师在习惯上常被分为文化课教师、专业理论课教师和实习教师。"双师型"教师培育应当根据每个人的具体情况，缺什么就补什么，这样可以为"双师型"教师成长创造条件。

在培育形式上，倡导参与，鼓励反思。反思是"双师型"教师以自己的实践过程为思考对象，对自己的行动、决策以及由此产生的结果进行审视和分析，是立足于自我之外的批判地考察自己的行动及情境的能力。从某种意义上说，"双师型"教师的反思能力决定着他们的教育教学实践能力和在工作中开展研究的能力。有关研究证明，成功的和有效率的"双师型"教师倾向于主动地和创造性地反思他们事业中的重要事情，包括教育目的、课堂环境，以及自己的职业能力。因此，"反思"被广泛地看作是"双师型"教师职业发展的决定性因素。美国学者波斯纳（Posner）十分简洁地概括了教师成长的规律："成长＝经验＋反思"，并指出，没有反思的经验是狭隘的经验，至多只能形成肤浅的知识。"双师型"教师如果仅仅满足于获得经验而不对经验进行深入的思考，其发展将大受限制。传统的教师培育大多采用的是以作为培育者的教师为中心的主讲大课形式，而作为培育对象的"双师型"教师往往处于被动地位。这种讲座式培育往往是基于这样的假设，认为培育对象是需要在上面书写的"白板"，或需要灌输新知识的"空桶"，目的是传递知识，即要求听众接受讲演者的"专家类"的知识。由于这种培育一般仅止于把知识灌输到听众的头脑里（即罗杰斯所说的"颈部以上的教育"），缺少学习者表现在行动上的积极参与，因此实际效果并不理想；而参与式培育力图使所有在场的人都投入到学习活动中，都有表达和交流的机会，在对话和讨论中产生新的思想和认识，丰富个人体验，参与集体决策，鼓励批判性反思，进而提高自己改变现状的能力和信心。建构主义学习理论认为：人的学习过程不是纯粹的被动接受过程，而更多的是一个在与环境的相互作用下积极主动的自我建构过程。因此，重视"双师型"教师丰富实践经验的参与式培育，有助于"双师型"教师积极主动地自我建构。

当然，上述"双师型"教师的培育路径在时空形态上更多地考虑了院校方面，其实企业方面对此也应有相当大的作为。实践证明，在职业教育比较发达的国家，"双师型"教师培育模式的创新主要体现在加强校企合作上，对企业参与"双师型"教师培育多从法律上有明确的规定。这样做易于保证实践教学的真实性和有效性，有助于"双师型"教师掌握一线最先进的生产技术，掌握最新的工艺流程，运用所学的知识进行技术创新与产品开发，不仅了解而且能够指导一线工作人员的操作，因此它已成为当今"双师型"教师培育必不可少的一环。

第三节　拓展培育模式

一、组建"双师型"教学团队

（一）现代职业教育"双师型"教学团队的意义

专业教学是现代职业教育教学中的核心，提高教学质量的关键在于教师。因此，强化现代职业教育"双师型"教师培育，致力建设"双师型"教学团队，是现代职业教育模式改革的需要，是现代职业教育专业建设的需要，是现代职业教育课程改革的需要。加强现代职业教育"双师型"教师培育，实现"双师型"教学团队与企业的强强联手，有着十分重要的意义。

（二）现代职业教育"双师型"教学团队的主要特征

一个高质量、高效率且运行良好的现代职业教育"双师型"教学团队，其主要特征包括素质特征、结构特征、运行特征。

1. 素质特征——"双师型"

由于现代职业教育具有突出的实践性、应用性、技术性特点，作为现代职业教育的专业教师，必须具备"双师型"素质。"双师型"素质强调专业教师两方面的素质与能力：一是具有较高的文化知识和专业理论水平，有较强的教学、教研方面的能力和素质；二是具有广博的专业基础知识，熟练的专业实践技能，一定的组织生产经营和科技推广能力，以及指导学生创业的能力和素质。当然，由于现实条件的限制，并非每一位教师都具备这样的"双师型"素质。唯其如此，更需要合理配置专业教学师资形成具有"双师型"素质的教学团队，具有"联合作战""集团冲锋"的雄厚实力，以保证现代职业教育教学改革的顺利实施，培养出具有特色的高质量人才。团结协作、优势互补也因此成为现代职业教育"双师型"教学团队的突出特征。

2. 结构特征——专兼结合

现代职业教育"双师型"教学团队应该具有合理的年龄、职称、学历、专业、梯队结构，应该是一支拥有高水平的专业带头人和良好的"双师型"结构的师资团队。内外结合、专兼结合是其最主要的结构特征。由于现代职业教育人才培养目标是定位于技术、技能型人才，学生毕业后将直接进入企业和行业的生产第一线，实践操作能力是此类毕业生的主要能力之一。因此，要培养具有一定专业知识同时又具有较强操作能力的高技能人才，就必须要有一支"双师型"结构的师资队伍。也就是说，在现代职业教育"双师型"教学团队中，学校的专职教师要有，同时从行业企业聘请的专家、技术骨干和能工巧匠也要占一定比例。另外，现代职业教育是以就业为导向的教育，其专业必须主动适应市场，"双师型"教学团队必须有站在专业技术领域发展前沿、熟悉行业企业最新技术动态、把握专业技术改革方向的领军人物，他们就是教学团队的核心人物——专业技术带头人。专业技术带头人应具备以下素质特征：具有扎实的专业基础理论，熟悉本专业国内外现状；站在专业技术领域发展前沿，熟悉行业企业最新技术动态，把握专业技术改革方向；具有较强的科研能力、技术开发成果转化和社会服务能力；具备先进的教学理念，有较强的事业心和责任感；有良好的职业道德，以身作则，治学严谨，为人师表；具有较强的组织管理能力，善于沟通和交流；能及时根据行业企业岗位需要调整专业、开发课程。这样的专业技术带头人显然需要现代职业教育"双师型"教师培育的强劲动力。

3. 运行特征——开放性

现代职业教育教学团队应该是一个具有开放性、创新性等特征的师资团队。其开放性体现在：教学团队能与行业企业合作或结盟，产生良好互动。也就是说，教学团队中的师资能够经常深入企业"充电"，同时兼职的企业技术骨干可以经常进入院校进行教育教学以及理论的学习，"双元互补，竞相发展"。其创新性来源于良好的运行、激励、评价机制。

上述现代职业"双师型"教育教学团队三个方面的特征相辅相成、综合作用。团队素质是基础，结构决定了团队的功能，运行保证了功能的实行。

（三）现代职业教育"双师型"教学团队的建设

1. 现代职业教育教学团队存在的问题

当前，绝大多数现代职业教育"双师型"教学团队中或多或少存在以下问题：

（1）结构特征不合理。现代职业教育的师资绝大多数都是从学校（毕业）到学校（就业），受普通高等教育的理念影响较深，缺乏在企业和现场的实践经验，致使当前现代职业教育"双师型"教学团队中，理论教学师资较多，而具有专业实践教学能力的师资严重缺乏，尤其是高级生产实习指导教师严重不足；导致教学团队整体实践性较差，教学中出现偏理论、轻实践的现象，从而影响了现代职业教育质量。

（2）科研状态不理性。由于对现代职业教育的科研特征缺乏理解，受传统思想观念的束缚，在科研方面上仍然存在一些偏差：一是科研项目以纵向课题为主，与企业的横向科研项目较少，在技术开发、成果转化、社会服务等方面的能力较弱；二是不重视教育、教学法的研究，尤其是缺乏对实践教学环节的研究，从而对现代职业教育专业特性不了解，固守传统、单一的教学方法，不利于现代职业教育的各项改革；三是团队没有合理的科研和教学梯队，科研中教师单打独斗的情况较多，教学团队合作的较少，不利于现代职业教育教学团队集体力量的发挥和整体素质的提高。

（3）"团长"人选不理想。既是"团队"，就应该有"团长"。"团长"即团队的核心领军人物，是团队的专业带头人，其综合素质在一定程度上决定着团队水平的优劣。目前，受师资来源和培育方式等因素的影响，一方面现代职业教育"双师型"教学团队缺乏专业带头人，另一方面许多现代职业教育"双师型"教学团队带头人在能力和素质方面存在明显的不足，致使现代职业教育专业"双师型"教学团队缺乏凝聚力和"战斗力"，不能适应现代职业教育的需求。

2. 现代职业教育教学团队的建设方略

针对上述存在的问题，我国现代职业教育"双师型"教学团队的建设应着重从以下几个方面进行。

（1）加强校企合作，提升实践能力。现代职业教育"双师型"教学团队的专业实践能力建设主要从两个方面着手：一是建立"双师型"教师培育实习制度。即学校必须以产学合作为依托，加强与行业企业的联系，为"双师型"教师提供必要的资料和实训条件，从而能够有计划地安排"双师型"教师到企业去跟班学习，或亲自去参与生产经营，了解生产第一线，应用新技术，提高动手能力；中青年教师可以采取脱产或半脱产形式轮流下企业实习，或独立去完成一两项工程项目，时间可长可短，形式可灵活多样。另外，也可采用传帮带的方式，鼓励"双师型"教师走岗位自学成才之路，结合所在岗位和所担任的教学任务，以任务带动技能的提高。通过上述方法，提高"双师型"教师的实践操作技能，从而建设一支既懂得专业理论知识、又具有较强的实践能力的"双师型"教学团队。二是大力引进企业人才。引进企业人才可以通过全职和兼职的两种方式结合进行。即学校可以以合作的企业为依托，借助企业的技术力量，聘请或调进企业高技能人才作为师资力量的补充。在引进企业人才的过程中，要求教学团队有较好的运行机制、激励机制、评价机制，同时也需要学校师资管理政策上的支持和激励，包括师资待遇、任职、评聘等各方面，促进"双师型"教师"双元互补，竞相发展"，从而加强其整体实践能力，最终成为具有"双师"结构特征、专兼结合的"双师型"教学团队。

（2）加强"双师型"培育，提升教学实力。"双师型"教学团队的教学水平决定了教学效果和质量。因此，"双师型"教学团队的教学能力培育是现代职业教育"双师型"教师培育的首要任务。教学能力的培育与科研能力的培育相辅相成，相互促进。只有科研能力的提高才能使教学能力得到较大的提高。"双师型"教学团队的研究能力包括教育教学研究能力和专业科研能力，这两者相辅相成、相互促进。一方面，现代职业教育应通过制定一系列的科研激励政策、"双师型"教师科研工作考评标准以及实施方案，鼓励"双师型"教师积极参与教育、教学方面的研究。将"双师型"教师参与的本专业教育特点、学生学习特点、课程开发、教学方法教材建设等各个方面的研究项目计入"双师型"教师科研分值中，并纳入"双师型"教师工作量考核；同时院系要经常开展教育、教学法的专题研讨工作，采取教育专家经验介绍、难点探讨、小组讨论等各种形式，在提高"双师型"教师科研兴趣的同时，指导"双师型"教师开展教育、教学研究。通过对教学方式、方法的研究，促进"双师型"教学团队教学能力的提高。另一方面，现代职业教育要将"双师型"教师科研的重点导向与企业的横向合作、技术开发和技术攻关方面。同时要加强科研管理层的服务意识，积极搭建与企业的合作平台，加强技术转化和转移的能力。现代职业教育还应加强"双师型"教师培育和继续教育，提高"双师型"教师的综合素质与教学、科研能力，有计划地选派优秀青年教师到国外国内著名院校进行培训，提升教师的专业学术水平。通过促进"双师型"教学团队两方面能力的提高，从而提高"双师型"教学团队的教学水平，最终推动现代职业教育人才培养模式的改革。

（3）加强引进培育，提升"团长"内力。专业带头人是现代职业教育"双师型"教学团队中的领军人物，专业带头人的引进和培养是现代职业教育"双师型"教学团队建设的核心工作。只有加大对专业带头人的培养力度，注重引进优秀人才，注重培育内在实力，造就一批站在专业前沿、掌握行业和企业最新技术动态、引导市场的"团长"，"双师型"教学团队才能更好地适应市场。

作为现代职业教育"双师型"教师培育的重点对象，专业带头人的培育必须改变培育方式，加大培育力度。一是制定优惠政策，对引进的行业企业专家和高级技术人员，进行教育教学相关理论和技术方面的"精加工"，使他们既能站在专业技术领域发展前沿，熟悉行业企业，又具有较高的教学水平和较强的教学教育能力。二是有计划地选拔专业理论扎实、有丰富教学经验和较强科研能力的"双师型"教师到行业企业进行一段时间的顶岗实践。这样可以丰富他们的企业实践经验，积累实际工作经历，掌握企业技术的最新动态，提高实践教学能力，逐步成长为领军人物。三是为专业带头人的培育创造良好的环境。必须加强与行业企业的联系，共建实训、实验基地；聘请行业企业技术骨干担任实训教师，参与教学计划、课程标准的制订，学生的评价等；同时学校要建立"双师型"教师资格认证体系，研究制定现代职业教育"双师型"教师任职标准和准入制度，重视"双师型"教师的职业道德，教学经历和科技开发服务能力，引导"双师型"教师进一步为企业和社区服务，积累"团长"内力。

在对专业带头人重点培育的同时，学校也应与社会、企业、行业密切联系，使"双师型"教师充分了解专业的市场动态，采取各项激励措施提升"双师型"教学团队的社会服务能力，从而提升现代职业教育的人才培养质量。

二、推广现代学徒制

现代学徒制是现代职业教育"双师型"教师培育的重要形式之一。在某种意义上讲，现代学徒制也可谓现代职业教育"双师型"教师培育的"初级阶段"。

（一）推广现代学徒制的意义

根据党的十八届三中全会和全国职业教育工作会议精神，深化产教融合、校企合作，进一步完善校企合作育人机制，创新技术技能人才培养模式，现代学徒制就是创新模式之一。

现代学徒制有利于促进行业、企业参与职业教育人才培养全过程，实现专业设置与产业需求对接，课程内容与职业标准对接，教学过程与生产过程对接，毕业证书与职业资格证书对接，职业教育与终身学习对接，提高人才培养质量和针对性。建立现代学徒制是职业教育主动服务当前经济社会发展要求，推动职业教育体系和劳动就业体系互动发展，打通和拓宽技术技能人才培养和成长通道，推进现代职业教育体系建设的战略选择；是深化产教融合、校企合作，推进工学结合、知行合一的有效途径；是全面实施素质教育，把提高职业技能和培育职业精神高度融合，培养学生社会责任感、创新精神、实践能力的重要举措。各地要高度重视现代学徒制试点工作，加大支持力度，大胆探索实践，着力构建现代学徒制培育体系，全面提升技术技能人才的培养能力和水平。

新时代现代学徒制，旨在以中国特色社会主义思想为指针，坚持服务发展、就业导向，以推进产教融合、适应需求、提高质量为目标，以创新招生制度、管理制度和人才培养模式为突破口，以形成校企分工合作、协同育人、共同发展的长效机制为着力点，以注重整体谋划增强政策协调、鼓励以基层首创为手段，不断探索、总结、完善、推广，以形成具有中国特色的现代学徒制度，丰富现代职业教育"双师型"教师培育的内涵。

（二）推广现代学徒制的原则

一是坚持政府统筹，协调推进。充分发挥政府统筹协调作用，根据地方经济社会发展需求，系统规划现代学徒制工作，把立德树人，促进人的全面发展作为推行现代学徒制的根本任务，统筹利用好政府行业、企业学校、科研机构等方面的资源，协调好教育、人社、财政、发改等相关部门的关系，形成合力，共同研究解决推行现代学徒制中遇到的困难和问题。

二是坚持合作共赢，职责共担。坚持校企双主体育人，学校"双师型"教师和企业师父双导师教学，明确学徒的企业员工和职业院校学生双重身份，签好学生与企业、学校与企业两个合同，形成学校和企业联合招生、联合培养，一体化育人的长效机制，切实提高生产，服务一线劳动者的综合素质和人才培养的针对性，解决好学校与企业共同发展的问题。

三是坚持因地制宜，分类指导。根据不同地区行业企业特点和人才培养要求，在招生与招工、学习与工作、教学与实践学历证书与职业资格证书获取、资源建设与共享等方面因地制宜，积极探索切合实际的实现形式，形成特色。

四是坚持系统设计，重点突破。明确推行现代学徒制的目标和重点，系统设计人才培养方案、教学管理、考试评价、学生教育管理、招生与招工，以及师资配备保障措施等工作。以现代职业教育"双师型"教师培育为动力，以服务发展为宗旨，以促进就业为导向，深化体制机制改革，统筹发挥好政府和市场的作用，力争在关键环节和重点领域取得突破。

（三）现代学徒制的内涵与特点

1. 现代学徒制的内涵

现代学徒制在一些国家也称为"新学徒制"，主要是指以校企合作为人才培养的基础，以学徒的培养为重点，以课程教学为纽带，以工学结合、半工半读为形式，以学校、行业、企业的深度参与，以及教师、师父的深入指导为支撑的人才培养模式。一般来说，"现代学徒制"和"传统学徒制"的区别看似不是很大，比如都有师父对徒弟的教育作用和指导功能，都主张在"实际操作中学习，在学习中实现操作"，然而两者在构成意义和价值取向方面具有很大的差别，同时，学徒制人才培养模式的主体和形式都有一定的改变。

2. 现代学徒制特点

现代学徒制具有以下显著特点：（1）以学生为主体，让学生在做中学、学中做，教师在做中教，充分体现了因材施教的原则；（2）身份上从学生→学徒→准员工→员工逐步转化；（3）校企双方深度合作，具有招生即招工、上课即上岗、毕业即就业的鲜明特色；（4）实现专业理论与专业技术技能的精准对接，增强学生的学习主动性、锻炼学生的社会适应性；（5）采用"校企生"三方共同评价方式，从"德、能、勤、绩"四方面进行过程性综合考核；（6）理论充分联系实际，有利于"双师型"教师培育。

（四）现代学徒制的优势

1. 改革招生与招工

招生与招工一体化是开展现代学徒制的基础。积极推广"招生即招工、入校即入厂、校企联合培养"的现代学徒制，加强对现代职业教育招生工作的统筹协调，扩大职业院校的招生自主权，推动职业院校根据合作企业需求，与合作企业共同研制实施方案，扩大招生范围，改革考核方式、内容和录取办法，并将相关招生计划纳入现代职业教育年度招生计划进行统一管理。

2. 改革人才培养模式

工学结合人才培养模式改革是现代学徒制的核心内容。各地要选择适合开展现代学徒制培养的专业，引导职业院校与合作企业根据技术技能人才成长规律和工作岗位的实际需要，共同研制人才培养方案、开发课程和教材、设计实施教学、组织考核评价、开展教学研究等。校企双方应签订合作协议，职业院校承担系统的专业知识学习和技能训练；企业通过师父带徒弟形式，依据培养方案进行岗位技能训练，真正实现校企一体化育人。

3. 改革师资队伍建设

校企共建师资队伍是推广现代学徒制的重要任务，也是现代职业教育"双师型"教师培育的重要内容。现代学徒制的教学任务必须由学校"双师型"教师和企业师父共同承担，形成双导师制。各地要促进校企双方密切合作，打破现有教师编制和用工制度的束缚，探索建立"双师型"教师流动编制或设立兼职教师岗位，加大学校与企业之间人员互聘共用、双向挂职锻炼、横向联合技术研发和专业建设的力度。合作企业要选拔优秀高技能人才担任师父，明确师父的责任和待遇，师父承担的教学任务应纳入考核，并可享受带徒津贴，职业院校要将"双师型"教师的企业实践和技术服务纳入教师考核并作为晋升专业技术职务的重要依据。

4. 改革教学管理机制

科学合理的教学管理与运行机制是推广现代学徒制的重要保障。各地要切实推动职业院校与合作企业根据现代学徒制的特点，共同建立教学运行与质量监控体系，共同加强过程管理。指导合作企业制定专门的学徒管理办法，保证学徒基本权益；根据教学需要，合理安排学徒岗位，分配工作任务。职业院校要根据学徒培养工学交替的特点，实行弹性学制或学分制，创新和完善教学管理与运行机制，探索全日制学历教育的多种实现形式。职业院校和合作企业共同实施考核评价，将学徒岗位工作任务完成情况纳入考核范围。

5. 逐步丰富培养形式

现代学徒制应根据不同生源特点和专业特色，因材施教，探索不同的培养形式。各地应引导职业院校根据企业需求，充分利用国家注册入学、自主招生、单独招生等政策，针对不同生源，分别制订培养方案，推广不同形式的现代学徒制。

根据各地产业发展情况、办学条件、保障措施等，在总结经验的基础上，逐步扩大实施现代学徒制的范围和规模，使现代学徒制成为校企合作培养技术技能人才的重要途径。逐步建立起政府引导、行业参与、社会支持，企业和职业院校双主体育人的中国特色现代学徒制。

现代学徒制包括学历教育和非学历教育。各地应结合自身实际，可以从非学历教育入手，也可以从学历教育入手探索现代学徒制人才培养规律，积累经验后逐步扩大。鼓励职业院校采用现代学徒制形式与合作企业联合开展企业员工岗前培训和转岗培训。

6. 切实加强组织保障

各地应加强对现代学徒制的领导，落实责任制，建立跨部门的现代学徒制领导小组，定期会商和解决有关现代学徒制的重大问题。必须有专人负责，及时协调有关部门支持现代学徒制工作。引导和鼓励行业、企业与职业院校通过组建职教集团等形式，整合资源，为推广现代学徒制搭建平台。

各地教育行政部门要推动政府出台扶持政策，加大投入力度，通过财政资助、政府购买等奖励措施，引导企业和职业院校积极推广现代学徒制。并按照国家有关规定，保障学生权益，保证合理报酬，落实学徒的责任保险、工伤保险，确保学生安全。大力推进"双证融通"，对经过考核达到要求的毕业生，发放相应的学历证书和职业资格证书。

第四节　激活培育张力

一、公开招聘人才

随着现代职业教育发展步伐的加快，各地职业院校教师队伍频频告急，浏览网页，各家职业院校的"招聘广告"扑面而来："急需能够同时承担理论教学任务和实践技能教学的双师型教师""使用全供事业编制，面向社会选招聘双师型教师""现面向全国诚聘优秀人才加盟""引进人才待遇优厚，努力工作，就一定拥有体面的生活"……求贤若渴之情溢于言表。确实对"教师饥渴"，公开招聘不失为一剂解渴良方，更不失为现代职业教育"双师型"教师培育的一项有效措施。

（一）招聘条件

招聘条件是公开招聘中的首要内容。不同的职业院校招聘条件有不同的格式，主要可分两类。

1. 基本条件式

具体内容包括：具有中华人民共和国国籍；遵守宪法和法律；具有良好的品行和适应岗位的身体条件；全日制大学本科及以上学历，学士及以上学位，具有技师职业资格和中等职业教师资格证书。

招聘岗位所需的其他资格条件：定向、委培毕业生应聘，必须征得定向、委培单位同意。已与用人单位签订就业协议的应届毕业生，应聘前与签约单位解除协议或经签约单位同意，可以应聘。曾受过刑事处罚和曾被开除公职的人员、在读全日制普通高校非应届毕业生、现役军人以及法律法规规定不得聘用的其他情形人员不得应聘，在读全日制普通高校非应届毕业生也不能用已取得的学历、学位作为条件应聘。

2. 分层描述式

这类招聘条件分层提出要求。

第一层：岗位描述。

学术带头人。引进一批在本专业（行业）领域具有一定的学术影响力和较高的知名度，同时具有行业经验的专家、教授担任各二级学院的学术带头人（或院长），负责各二级学院学科（专业）建设，围绕学院特色优势学科（专业）引进国内外高层次、高水平人才，培养中青年骨干教师，建设一支适应高水平应用型大学的"双师型"教师队伍；负责实现产教深度融合，推动与本专业相关行业的合作，创造良好效益。

专业教师。引进一批具有较高学历和专业知识，具有理论高度，同时重视专业实践教学的青年才俊担任专业教师，负责教学、实践、产教融合等工作；热爱传统文化，热衷于从事中国传统文化的学习、研究和推广工作。

第二层：条件描述。

除"遵纪守法""热爱教师职业""有良好的职业道德和团结协作精神"等基本条件外，还必须符合分层岗位的具体条件，如"学术带头人"条件包括年龄、职称、教学业绩、科研成果、专业基础、实践能力、专业实力、行业经验等。

（二）招聘流程

招聘流程一般分为几步进行：先通告，后报名，再资格审查，接着考试（笔试、面试），然后考察、体检，合格者聘用受聘人员按规定实行试用期制度，期满合格的正式聘用，不合格的不予聘用。

据上可见，公开招聘既是对未来的"双师型"教师整体素质的一次全面检阅，更是对现代职业教育"双师型"教师的一次复合式培育。

正如刊发于2018年6月12日《人民日报》第2版的重要文章《技能人才，扶上马再送一程》所指出的：技能人才有待遇更有机遇。新时代中国特色社会主义建设事业的发展既需要金领、白领，也需要蓝领；既需要企业经营管理人才，也需要一线的高技能人才和社会工作人才。公开招聘人才对推进全社会关注技能、重视技能、崇尚技能，对现代职业教育"双师型"教师培育，有着非常重要的作用。

二、促进双向交流

现代职业教育"双师型"教师培育的双向交流，指的是"双师型"教师到合作企业挂职和兼职教师聘用与管理的办法，按需要分期分批安排"双师型"教师到企业挂职锻炼，并从合作企业中聘请高技术技能兼职教师到校任教，建立合作企业优秀高技术技能兼职教师资源库。这样做既解决了"双师型"教师的先天不足，又提高了兼职教师的层次，优化了兼职教师的结构，突出了兼职教师的技能，有效保障了兼职教师的来源、数量和质量。

（一）"A → B"流向："双师型"教师去合作企业"淬火"

为鼓励"双师型"教师到合作企业挂职或顶岗锻炼，提高实践操作技能水平，职业院校应制定"双师型"教师到企业实践锻炼的管理制度，规定各专业都要在合作企业建立实践锻炼基地或工作站，把"双师型"教师的企业实践锻炼、技术服务、员工培训和指导学生顶岗实习等工作结合起来；规定"双师型"教师每三年到企业实践锻炼时间不少于两个月，每学期根据承担的教学工作量实际情况，由院校具体安排和考评，"双师型"教师企业锻炼经历和社会服务情况须纳入"双师型"教师考评和职称评聘体系，并作为职称评聘的必要条件。在实践锻炼中，每位"双师型"教师必须完成包括分析企业的管理、生产运营、工艺流程、市场营销、实习学生岗位调研等定量定性指标的收集与分析材料，报送到院校并设计成所教课程的真实企业项目，将其运用到课堂教学实践中。当然，"双师型"教师到企业实践挂职完成规定任务的，其间发生的交通费、差旅费据实报销，并视同完成教学基本工作量。

（二）"B → A"流向：兼职教师来合作院校"参师"

为加强兼职教师管理，提高其理论教学水平和实践指导能力，职业院校应制定兼职教师聘用与管理办法，明确兼职教师的聘用程序、管理办法和考评体系。须着重提出各专业要为每一位兼职教师安排一位"双师型"教师，形成"理实"组合，并签订"专、兼结合协议书"，明确专、兼职教师双方的权利与义务和责任。对兼职教师采取集中学习、专题辅导、举办讲座、开研讨会和"一帮一"等多种形式，进行专业建设、课程改革、教学方法及课堂管理等方面的培育，以提高兼职教师的教学艺术和水平。此外，还应采取企业促教、院系督教、学生评教三位一体方式，对兼职教师的教学工作进行考评，考评结果作为双方单位对其奖惩的重要依据。

实践证明，双向交流通过规范管理，强化考评，能有力促进现代职业教育"双师型"教师培育，使职业院校专、兼职教师队伍的教学能力明显增强，教学效果明显提升。

第六章 职业院校"双师型"教师培养制度与机制研究

"双师型"教师队伍不断发展壮大,教师素质不断提高,社会对"双师型"教师的需求不断增加,然而"双师型"教师数量不足、质量不高仍是"双师型"教师培养培训面临的关键问题,不可避免。建设一支数量充足,职称结构、知识技能结构、年龄结构合理的"双师型"教师队伍任重而道远。

第一节 职业院校"双师型"教师培养制度

如何构建适应"双师型"教师职业发展的培养培训制度至关重要,是衡量我国职业教育办学水平和师资队伍水平的关键指标,是职业教育能否办出特色、能否可持续发展的关键因素。因此,当务之急是建立一套合理、行之有效的"双师型"教师培养培训制度,保证"双师型"教师培养培训工作制度化、法制化。

一、加强政策制度建设

政府及教育行政部门是职业教育"双师型"教师培养培训制度的建

设者、推动者，管理并引导着职业院校"双师型"教师队伍建设。政府一方面要加强对职业教育的重视程度，对职业教育教师培养培训工作给予政策和经费支持；另一方面要加快制定"双师型"教师培养培训制度，明确"双师型"教师的准入标准和培养途径等。

纵观发达国家职业教育师资队伍建设，专门的教师法是保证其职教师资高素质、高水平的重要原因。日本政府颁布《雇佣—能力开发机构法》，规定成立专门的职业教育师资培养机构，在培养职业教育教师中起主要作用。"职业训练指导员"接受理论与实际操作训练，保证其具有"双师型"素质。德国作为职业教育的先行者，早在《职业训练法》《联邦职业教育保障法》中对职教师资作了明确的规定。国外职业教育取得成功的原因不仅在于起步早，更主要的是得益于有一整套缜密的培养制度。我国已经出台专门的《职业教育法》，为我国职业教育发展提供基本的法律依据。但是，并没有专门针对职业教育教师的法律法规，已经颁布的《教师法》具有普遍性，对于特色鲜明、与社会发展联系紧密的职业教育教师并不完全合适。因此，出台专门针对职业教育教师的《职业教育教师法》迫在眉睫，这对职业教育教师队伍建设具有重要意义。

我国职业教育发展尚不均衡，地区差异显著，东部职教教师素质明显优于西部职教教师素质，"双师型"教师素质要求的标准并不统一。虽然存在诸多不同点，但纵观国内外的情况，"双师型"教师素质大体可以分为三个方面。一是对于学历和资历的要求。德国"双元制"中从事职业教育的专任教师必须获得博士学位，且有至少5年在企业的专业实践经历。美国要求社区学院的教师具备硕士学位，必须具有3年的实践工作经验。日本要求职业学校专门课程教师必须具有硕士学位，且在各种学校、研究所、医院、工厂从事与上课内容有关的，或与研究、技术有关的业务。澳大利亚TAFE学院对教师的要求非常严格，除学历要求外，还必须有5年职业工作经历。我国职业教育起步较晚，目前"双师型"教师队伍学历差距非常明显，从中专学历到研究生学历不等。为保证"双师型"教师队伍的质量和可持续发展，《职业教育教师法》应规定："'双师型'教师需具备相关专业学士及以上学位，且有3年以上相关专业实践工作经验。"这项规定是对"双师型"

教师的基本学历要求，是选拔录用、认定"双师型"教师的基本条件，应严格遵守规定。在实际应用中，可能会遇到这样的特殊情况，一位在企业工作多年的技能型人才，拥有扎实的专业理论和实践技能经验，但是学历并未达标，只有大专学历。对于此类情况，需要慎重考虑，不能简单地将其拒之门外，也不能大开方便之门。要严格考察这类人员的综合素质，参照"双师型"教师其他任职资格，择优录取。对于学历未达标的企业优秀技能型人才，可适当放宽学历要求。二是明确"双师型"教师的品德和技能要求。现代教师扮演的角色不仅是传道、授业、解惑者，教师的言行举止更是学生仿效的对象，教师对学生人格塑造起着重要的作用。因此，教师必须具备良好的行为品质和职业道德，要有高尚的职业修养和育人的谆谆热情。对"双师型"教师技能要求的考核，采用可量化的考核标准，即教师拥有的相关专业的职业资格证书情况。我国职业资格证书制度尚不完善，但基本能够反映持证者是否具有该技能的职业资格。因此，"双师型"教师应该具备至少1个相关专业的职业资格证书。三是对"双师型"教师知识技能的更新能力和教学管理能力的要求。职业教育与社会经济发展紧密相关，"双师型"教师必须具备敏锐的嗅觉，能够及时掌握专业领域的新技术、新工艺，熟悉企业生产管理。"双师型"教师并非完全来源于师范类院校毕业生，有些"双师型"教师并没有接受过职业教育相关教学理论与实践教学的学习。因此，从教学管理能力看，"双师型"教师应有一定的职业教育学、职业教育心理学相关知识的学习或培训经历，能够准确确定教学目标、设计符合职业教育的教学方案，确保教学活动顺利开展，保证教学质量。

二、巩固并拓展"双师型"教师培养途径

职业院校必须有一流的"双师型"教师队伍实施教学，否则职业院校的招生、就业、教学等工作，就成了无源之水，无本之木。目前大多数职业院校"双师型"教师所占比例普遍较低，与国家规定的80%的比例相差较远，培养"双师型"教师队伍势在必行。

（一）创新中职硕士培养方式

首先，目前我国中职硕士主要采用在职培养模式。中职硕士并非脱产接受教育，而是利用寒暑假或节假日采用远程教育等方式，学习相应的专业课、教育学相关课程等。这种方式存在一定的弊端：一是授课者无法准确了解中职硕士现有知识水平，授课时针对性和适用性大打折扣；二是授课时间分散，缺乏长期系统的学习过程，学习效果恐怕不尽如人意；三是中职硕士培养重点仍然是提高专业理论知识，显然缺乏对职教教师专业技能和"双师"素质的培养。因此，创新中职硕士培养目标和培养方式显得尤为重要。中职硕士应以培养"双师型"教师为目标。培养"双师型"教师，不能仅仅依靠职业技术师范院校的职前培养，更多的是要依靠教师入职后的继续教育。招收中职教师到高校进修硕士学位就是为了提高中职教师的教育教学能力，为中职教师提供继续深造、提高专业素养的机会。中职硕士培养体系必须以提高职教教师专业知识和技能为目的，即以培养"双师型"教师为目的开展教学工作，在专业理论教学和实践教学模块中侧重于专业技能的学习，重视中职教师专业技能的培养，充分发掘中职教师的"双师"素质。其次，以半脱产方式培养中职硕士。中职硕士培养周期较短，这是限制中职硕士质量的重要因素。若中职教师以脱产方式进行继续教育，难免会影响日常的教育教学工作，对本职工作造成一定影响。若采用在职培养方式，虽然对本职工作影响较小，但是培养效果欠佳，中职硕士培养所投入的各种资源利用率不高。因此建议采用半脱产方式培养中职硕士。中职硕士培养周期以2年为宜，可采用"1+1"方式，即1年脱产学习专业理论知识和教育学相关知识，1年挂职到企业实践锻炼。脱产学习实行学分制，中职硕士必须修满相应学分方可进行企业实践锻炼。挂职锻炼实行学时制，即中职硕士到企业实践必须修满相应学时，否则不予以毕业。脱产学习有利于中职教师全面系统地了解专业知识和技能，掌握本专业最新动态。挂职到企业锻炼则是提高中职教师实践技能的最好方式，中职教师充分利用课余时间到企业实践锻炼，可将理论知识转化为实践技能。

再次，中职硕士培养要求加强校企合作。"1+1"中职硕士培养方式亟须加大培养院校与企业之间的合作力度，培养院校要与企业建立良好的合作关系，在企业建立长期的教师实践基地，鼓励企业的专业技术人才、高技能人才等担任中职硕士的企业导师，引导中职硕士开展技能培训，这样才能为培养"双师型"教师提供全面有效、安全可靠的实践平台。另外，中职硕士的培养考核方式不容忽视。中职硕士按规定在修满相应学分和学时的前提下，经考试合格，通过专业技能操作考核，方可取得中职硕士毕业证和学位证。

（二）加强"双师型"教师培训基地建设

目前，我国有近60所国家级职教师资培养培训基地，担负着职教师职后培训的重任，但是，尚未开设专门针对"双师型"教师的培训基地。"双师型"教师作为职教教师的生力军，必须有自己的培养培训基地，并配备专门的理论和实习指导教师。"双师型"教师培训基地可以依托职教师资培养培训基地，也可以是专门的"双师型"教师培训基地，可以设立在高等院校、职业院校中，也可以设立在大型企业中。对于适合建在学校中的基地，继续加强建设。对于行业、专业性比较强的培训基地，可利用企业在职工培训方面的现有条件，根据职业院校"双师型"教师培训的需要进行建设，成为职业院校"双师型"教师的校外培训基地。"双师型"教师培训基地建设投资主体多元化。开辟政府、学校、企业多元化的投资渠道，充分发挥政府、学校与企业三方面的优势，通过多种渠道、多种方式筹集资金，实现资源共享。"双师型"教师培训基地应创新建设理念，改革以往由政府拨款的单一模式，探索学校自筹和企业赞助等多渠道筹集资金、共同投资的方式。学校应充分认识到培训基地对教师培训的重要性，加大对培训基地、实验室建设的经费投入，应充分发挥社会对教师培训的积极性，树立形象，加大社会及企业的认可程度。建立生产、教学、科研三结合的运行机制，跟踪高新技术，加强教学、生产与新科学、新技术、新工艺的推广和应用的紧密联系，以生产和科研促进教学，将教学融入科技发展和经济建设，是知识经济时代和信息技术社会下，"双师型"教师培训基地可持续发展的重要保障。职业教育是最适合开展"产学研"结合的教育，通过"产学研"结合，可以提高教师的科技开发能力和创新能力。职业院校应与产业部门和科研单位协作，共建培训基地和专项实验室，优势互补、资源共享。充分利用培训基地的先进技术与设备，为职业院校师生实训和行业、企业员工培训以及科研单位产品试验等创造有利条件。要积极开展应用项目研究、科技成果推广、生产技术服务、科技咨询和开发等科技工作及社会服务活动，形成教学、科研、生产和发展的良性循环，积极探索"产学研"三结合的运行机制及教学、培训模式，开拓实训、培训、咨询全方位的服务功能。融职业技术教育、职业技能培训、科技与社会服务为一体，实现教学、培训、服务一条龙，是我国发挥职业院校教学实践基地规模效益的新举措。市场竞争归根结底是人才及其技术的竞争，要将科技成果迅速转化为生产力，提高工艺的智能成分和产品的技术含量，就必须提高员工素质和技术水平。职业教育应进一步强化实践训练，提高师生对新技术的开发与应用能力，以增强其就业竞争力与市场适应力。随着企业对职工岗前培训和在职培训的需求量大幅增长，迫切需要职业院校为其技术革新、工艺改造、产品开发、科学管理等提供咨询和服务。所以，基地应充分发挥这方面的优势，抓住这一历史机遇，积极开展职业教育实训、职业技术培训和科学技术咨询等，为经济、科技及企业发展提供多功能、全方位的服务。要在建设专业教室、教学工厂的过程中提高教师的技术开发能力。

（三）成立"双师型"教师工作室

"双师型"教师的成长与培养离不开宽松的环境，为了促进教师更快、更好地成为优秀的"双师型"教师，职业院校应该积极地改善教师工作的环境和条件。可以通过模拟企业车间的形式为职业院校教师创建个人实验室或实训室，为优秀的"双师型"教师设立工作室，给予他们必要的研究经费和政策支持，激发"双师型"教师的工作热情和研究兴趣。"双师型"教师在遇到研究障碍、研究瓶颈时，能够积极寻求企业、行业专家、高技术人才的帮助，为"双师型"教师理论与实践研究提供建设性意见。工作室由"双师型"教师负责运作，允许教师承接学校、企业研究课题，研成果与企业、学校共同分享，以此为"双师型"教师的培养创造良好的氛围和条件。

第二节 职业院校"双师型"教师培养机制

由于职业教育涉及众多不同的专业，因此，为了使"双师型"教师专业标准能涵盖职业教育的不同专业，提高"双师型"教师专业标准的适用性，我们按照"三维一体"的"双师型"教师专业标准架构，构建了"双师型"教师专业标准的适用型职业院校"双师型"教师专业标准体系。该标准体系是由4个专业标准领域、13个专业标准单元、36个专业标准要素、134个专业标准表现指标构成的标准体系。

一、专业伦理与专业信念

（一）专业伦理

1. 对学生的专业伦理

（1）关爱职业院校学生，关注职业院校学生身心健康的全面发展，保护职业院校学生生命安全。

（2）尊重职业院校学生独立人格，维护职业院校学生合法权益，公平对待每一位职业院校学生。不讽刺、挖苦、歧视职业院校学生，不体罚或变相体罚职业院校学生。

（3）尊重职业院校学生的个体差异，主动了解和满足职业院校学生的不同发展需要。

（4）信任职业院校学生，积极创造条件，促进职业院校学生的独立自主发展。

2．对同事的专业伦理

（1）尊重同事。

（2）具有团队合作精神，积极开展与同事间的交流与合作。

（3）与同事分享经验和资源，共同发展。

（4）妥善处理个人和同事间的利益关系。

3．对行业/企业从业人员的专业伦理

（1）尊重行业或企业人员。

（2）积极主动地与行业或企业人员建立相互沟通、合作关系。

（3）尊重行业或不同企业人员所持有的企业文化。

（4）与行业或企业人员沟通和合作时遵循独立、平等的原则。

4．对家长及社区的专业伦理

（1）与家长和社区合作，形成对学生共同一致的教育目标和教育合力。

（2）积极建立与家长和社区交流和沟通的机制。

（3）在与家长交流和沟通过程中，尊重家长的教育理念。

5．对教师职业的专业伦理

（1）了解、理解教师职业的专业规范和准则。

（2）认同教师职业的专业规范和准则。

（3）遵守教师职业的专业规范和准则。

（二）专业信念

1．专业认识

（1）认识、理解职业院校教育工作的意义。

（2）认识、理解职业院校学生的独特性和心理特征。

（3）认识、理解职业院校学生学习的独特性。

（4）认识、理解职业院校教学的本质和独特性。

2．专业情意

（1）喜欢、热爱职业院校教育工作。

（2）认同职业院校教师的专业性和独特性。

（3）理解职业院校学生的独特性，热爱职业院校学生。

（4）热爱职业院校教学工作。

（5）具有职业理想和敬业精神。

3．专业坚持性

（1）即使存在职业倦怠，但仍热爱自己从事的工作。

（2）即使遇到困难和挫折，也会坚守自己的职业选择。

二、专业知识

（一）专业、职业技术、实践性知识

1．专业知识

（1）理解所教专业的知识体系、基本思想与方法。

（2）掌握所教专业内容的基本知识、基本原理与基本技能。

（3）了解所教专业与其他相关学科的联系。

（4）了解所教专业知识国内外发展的最新动态。

2．职业和技术知识

（1）了解所教学生将来面对职业的核心知识。

（2）掌握特定职业／产业／行业的技术核心知识。

（3）了解一般的行业或企业的知识。

（4）掌握特定的行业或企业知识。

（5）理解劳动力市场和工作场所变化本质。

3．基于情境的实践性知识

（1）具备行业或企业实践的经验、解决行业或企业实践问题的实践性知识。

（2）具备将专业知识、技术知识与解决实践问题联系起来的情境性知识。

（二）教育教学知识

1．专业教学法知识

（1）掌握所教专业课程资源的搜集、拓展、开发的主要方法和策略。

（2）掌握所教专业校本课程开发的方法、技术、工具与程序。

（3）掌握针对具体专业内容进行教学的常用教学法。

（4）掌握所教专业进行项目教学、一体化教学、能力本位教学的方法与策略。

2．学生发展知识

（1）了解职业院校学生心理发展，特别是人格发展的一般性知识。

（2）掌握职业院校学生智力发展的一般规律与特征。

（3）了解职业院校学生世界观、人生观、价值观形成的一般规律性知识。

（4）掌握职业院校学生技术、技能发展的规律性知识。

3．学生如何学习的相关知识

（1）了解职业院校学生学习的本质及规律的一般性知识。

（2）掌握职业院校学生技术、技能学习的一般规律性知识。

（3）掌握不同境遇（经济背景、语言、文化传统等）下学生学习特征的知识。

（4）掌握职业院校学生进行项目学习以及在一体化教学和能力本位教学中学习的规律和特征。

三、专业能力

（一）教学能力

1．教学规划能力

（1）具有对任教学科进行学科、学年、学期教学规划和设计的能力。

（2）具有分析职业院校学生情况、选择和使用教材、设计教学方法、撰写教学方案等设计教学方案的能力。

（3）具有引导和帮助职业院校学生规划和设计个性化学习计划的能力。

2．教学实施能力

（1）具有按照教学方案设计进行教学的能力。

（2）具有建立安全的、支持性的教学环境及组织教学的能力。

（3）具有建立有挑战性的学习目标的能力。
（4）具有选择和运用有效教学策略的能力。
（5）具有选择、利用和丰富教学资源的能力。
（6）具有使用有效的教学交流技能的能力。
（7）具有完善教学程序的能力。

3．教学评价能力

（1）具有从多种渠道系统地收集信息、评价自己教学效果的能力。
（2）具有从不同的视角、立场，利用多样化的信息评价学生学习的能力。
（3）具有全面分析、评价其他教师教学的能力。

（二）职业能力

1．行业/企业沟通与合作能力

（1）具有收集、分析、调研行业/企业需求发展等方面信息的能力。
（2）具备与行业/企业人员进行信息沟通的能力。
（3）具备与行业/企业人员进行项目/课题/培训等方面合作的能力。

2．行业/企业实践能力

（1）具有走访、联络行业并与行业建立联系网络的能力。
（2）具有计划、参加和评价自己行业/企业实践的能力。
（3）具有将行业/企业需求、发展态势等信息融于课程改革与课堂教学中的能力。
（4）具有职场安全教育能力。

3．行业/企业服务能力

（1）具有为行业/企业提供人才培养信息、行业发展信息、技术发展信息等信息咨询的能力。
（2）具有与行业/企业合作进行人才培养实践的能力。
（3）具有与行业/企业合作进行项目开发、技术支持、课题研究等工作的能力。

(三)社会能力

1. 人际交往能力

(1) 具有与他人(学生、同事、家长和社区)进行沟通、交流的能力。

(2) 具有发现与他人沟通、交流中存在问题的能力。

(3) 具有解决与他人沟通、交流存在问题的能力。

(4) 具有与他人建立良好人际沟通、交流关系的能力。

2. 合作能力

(1) 具有与他人(学生、同事、家长和社区)进行合作的意识。

(2) 具有与他人分享资源、相互支持和帮助等基本合作能力。

(3) 具有与学生、同事、家长和社区建立合作关系的能力。

(4) 具有发现与他人合作过程中存在问题的能力。

(5) 具有解决、处理与他人合作过程中存在问题的能力。

(四)专业发展能力

1. 反思能力

(1) 具有主动反思自己的教育教学的意识。

(2) 具有分析、总结、评判自己教育教学实践的能力。

(3) 具有通过学习和自我更新持续不断地完善自己教学实践的能力。

2. 学习能力

(1) 具有不断学习和创新的终身学习意识。

(2) 具有不断学习先进的职业院校教育理论的意识和能力,了解国内外职业院校教育改革与发展的经验和做法。

(3) 掌握教师学习的特点和方法。

(4) 具有不断学习、掌握行业/企业信息和技术的能力。

3. 研究能力

(1) 具有搜集、整理、分析国际国内职教研究信息的能力。

(2) 具有发现、提出职教实践中存在问题的能力。

(3) 具有从事职教教育教学改革研究的能力。

4．个人专业发展规划能力

（1）具有制订个人专业发展目标的能力。

（2）具有提出个人专业发展任务和具体措施的能力。

四、专业实践

（一）创造并维持安全的、支持性的、富有成效的学习环境

1．创建符合职业院校学习特色的学习环境

（1）为职业院校学生营造信任、支持、安全的学习环境。

（2）倡导热爱学习、发明创新、勇于实践的学习精神。

（3）鼓励职业院校学生主动学习、参与教学的学习氛围。

（4）采用适切的方法管理教学中具有挑战性的行为。

（5）关注职业院校学生的幸福感和学习心理安全。

2．创建符合职业院校学生年龄、心理特征、学习特色的学习环境

（1）创建有利于职业院校学生技术技能学习的"一体化"学习环境。

（2）创建符合职业院校学生特点的情境化学习环境。

（3）创建具有特定行业/企业文化特征的学习环境。

（二）有效地计划、实施、评价以及反馈教学和学生学习活动

1．有效地计划和实施教学

（1）根据职业院校学生特点、课程内容等计划和安排教学活动。

（2）建立对职业院校学生具有挑战性的教学和学习目标。

（3）运用适合职业院校学生特点的教学策略，提高职业院校学生学习质量。

（4）选择、利用、拓展适合职业院校学生需求的教学和学习资源。

（5）实施"一体化"教学、"项目"教学、"工作过程导向"教学。

2．有效地评估、反馈自己的教学和学生学习

（1）从不同的视角、立场，利用多样化的信息评价职业院校学生的学习。

（2）利用多样化的途径及时反馈职业院校学生学习的结果。

（3）从多种渠道系统地收集信息，客观地评价自己的教学。

（4）反思自己的教学，并通过学习和自我更新持续不断地完善教学实践。

（三）帮助学生进行职业生涯规划、实现向工作和成人角色的转换

1. 帮助职业院校学生进行职业生涯规划

（1）帮助学生明确自己未来的职业目标、职业需求和职业期望。

（2）教会学生进行职业生涯规划的基本知识和技能。

（3）帮助学生进行职业决策。

2. 帮助学生实现向工作和成人角色的转换

（1）发展职业院校学生就业技能。

（2）帮助职业院校学生为进入工作场所的职业和生活做准备。

（3）帮助职业院校学生理解工作场所的文化和期望。

（4）帮助职业院校学生平衡工作世界的多重角色。

（5）发展职业院校学生的创业意识和创业能力。

3. 促进职业院校学生社会性的发展

（1）促进职业院校学生自我意识、自信心的发展。

（2）发展职业院校学生的团队合作能力。

（3）促进职业院校学生社会、个人和公民道德的发展。

（四）积极进行行业／企业实践

1. 与行业／企业建立联系网络和信息沟通机制

（1）积极建立、保持与行业／企业的联系网络。

（2）为行业／企业提供人才培养信息、行业发展信息、技术发展信息等信息咨询。

（3）收集、分析、调研行业／企业需求与发展等方面信息。

2. 建立与行业／企业合作的机制

（1）与行业／企业合作进行人才培养实践。

（2）与行业／企业合作进行项目开发、技术支持、课题研究等工作。

（3）为行业／企业提供人员培训服务。

第七章　职业院校"双师型"教师培养模式构建

结合学界对"双师型"教师培养过程的认识及实践中的培养现状，通过归纳，本书提出院校培养模式、校企合作培养模式、自主成长模式和文化生态模式四种"双师型"教师培养模式。需要说明的是，这四种模式反映出我们对"双师型"教师培养的认识逐渐深入和丰富。

第一节　院校培养模式

一、明晰教育理念："双师型"教师发展是一个知识获得的过程

正是对"双师型"教师的素质结构观的不同回答，导致了"双师型"教师专业发展的不同模式。目前，有一种相对比较流行的观点，认为"双师型"教师是具备由专业知识、教育知识和职业知识共同构成的复合型知识结构素质的教师，职业院校"双师型"教师专业发展过程是一个教师知识获得的过程。基于这种认识，我们将其归纳为院校培养模式，这一模式的形成根源于两方面的基本假设。

一是与人们对职业教育教学过程本质观的认识相关，有一种较为普遍

的观点认为职业教育教学过程就是向职业院校学生传递基本理论知识的过程，因此，职业院校"双师型"教师的职责就是传授学科专业的基本理论。在这种本质观的要求下，职业教育较为强调"双师型"教师的理论水平和学术素养，强调"双师型"教师在教学过程传播理论知识的水平和素养。因此，实质上，这一本质观下的"双师型"教师的发展主要体现在其理论知识素养上。

二是根源于知识决定能力的基本假设。院校培养模式的"双师型"教师发展过程将知识看得很重，认为知识作为主体精神世界的重要组成部分，是决定主体能力发展的最重要的因素。能力是在知识的掌握过程中所形成和发展的，离开了知识的学习和获得，任何能力都不能得到发展。"双师型"教师发展就意味着其专业知识、教育知识和职业知识的增长和获得。

基于上述假设，院校培养模式的"双师型"教师培养的重点是知识获得和行为变化，其过程是一个知识过程。这一模式认为，职业院校"双师型"教师所获得的专业知识是其专业发展基础，只要教师通过全面掌握专业和教育理论知识，便能将其转化成良好的专业教育实践能力；对教师进行学术理论教育是其专业成长的主要途径。因此，这一模式下的"双师型"教师来源多为综合型大学从事专业学术教育的毕业生及教师，认为只要学习了某一专业领域的知识就能够从事相关的职业教育教学工作。

二、课程设置与实施

天津职业技术师范大学作为一所以培养职教师资为主的职业技术师范院校，正在积极探索"双师型"职教师资培养工作，下文以天津职业技术师范大学为例，试图提出"双师型"教师培养的课程体系。

（一）"职业课程＋教育课程＋专业课程"相整合的课程结构

充分发挥教育学与工学的优势，通过教育学课程的开设与工学课程的开设构建一种复合型的知识体系，为此，需要构建一种"职业课程＋教育课程＋专业课程"相整合的课程结构。以机械设计与制造专业的硕士层次

"双师型"职教师资培养为例，职业课程方面主要开设如职业科学、机械设计制造类职业工作分析等课程；教育课程主要开设教育基本理论、专题教育、科学研究方法论和职业教育心理学等课程；专业课程主要开设机械工程学科新进展和机械设计制造领域新技术专题研究课程。职业课程保障其职业素养的发展，教育课程培养其教育方面的素养，专业课程奠定专业基础，这三类课程整合一体于学生综合素质的养成及培养目标的达成。

（二）"技能实践＋工程实践＋教育实践"相结合的课程实施实践环节

课程实施是将课程付诸实践的过程或活动。"双师型"职教师资培养的课程实施注重强化实践环节。在行业企业、职业院校教师（合作导师）指导下，进行技能培训、工程实践及教育教学实践：（1）技能实践。通过相关理论培训和实际操作训练，使其掌握与所从事专业领域相关的职业技能，并取得相应的职业资格证书。（2）工程实践。深入企业第一线进行工程实践，熟悉企业相关产品开发和生产工艺过程、研究相关技术技能的开发与应用，完成与相关学位论文选题相关的工程实践研究报告。（3）教育教学实践。在职业院校进行教育实践，参与职业院校相关专业的教育教学及专业建设和课程开发工作，完成与相关学位论文选题相关的教学实践研究报告。

（三）"校内导师＋校外导师"合作的双导师指导制度

"双导师"是指除校内导师外，在两类实习基地各有一名相应的专业人员作为指导教师。校内导师与校外合作导师（企业、职业院校）相结合。学生在校内导师负责制的基础上，实行由校内教育学、机械类的指导教师和企业技术人员、职业院校教师组成的导师组共同指导的制度。校内导师是研究生培养的第一负责人，在研究生培养中起主导作用；导师组全程参与硕士研究生的指导工作，充分发挥集体培养优势。实践证明，"双导师制"培养思路非常符合硕士研究生的教育特点，在一定程度上弥补了高校教师只注重理论，不注重实践的缺憾。但是，双导师制在具体实施过程中还存在不少问题。在实际操作中，企业导师忙于工作生产，而校内导师又有教学任务，还有科研课题，不可能把过多的精力用在学生身上。因此，双方很难在一起共同商定研究生的培养，在一定程度上影响了硕士研究生的培养质量。只有规范加强双导师制度，才会提高"高层次双师型"硕士研究生的培养质量。

三、培养途径

（一）独立设置职业技术师范院校的专门化培养

从历史发展的进程来看，职业技术师范院校在职教师资培养中一直发挥着主要的力量和作用。

职业技术师范院校能够保证职业教育教师有稳定的来源，其作为一种新型的高等院校，既不同于普通工科类院校，也不同于普通高等师范院校，其始终以培养具有"学术性、技术性、师范性"为一体的职教师资为目标，重视实训基地建设，注重学生动手能力和师范能力，使教育学与工学有机融合。多年的发展中，各职业技术师范院校付出了巨大的努力，逐步构筑起来了较为完整的职教师资培养的学科体系，尤其在一些专业教学论方面取得了巨大的成就，如经济教学论、技术教学论等学科的发展奠定了职教师资培养的学术基础。

职业技术师范院校在多年的发展中积累了丰富的师资培养经验和成果，同时储备了大量从事职教师资培养的人才资源。职教师资是一种具有特殊性的专业人才，其培养也必然需要富有经验的专门人才资源。

另外，我国的职业教育教师队伍除数量上的绝对短缺外，尚有培养体系不健全、职教特色不明显、师资整体素质不达标等诸多不足。从来源上看，一是普通师范院校的本科毕业生，他们具备教师的知识和能力，但缺乏与职业劳动相关的专业知识和操作技能；二是非师范类专业（主要是工科专业）的本科毕业生或硕士研究生，他们是按照传统的工程师模式培养出来的，未接受过教师技能的专业训练和较长期的工程师的专业实践，和职教师资的操作技能要求尚有较大的差距；三是由其他行业招聘、调动或兼职担任职业学校的教学人员，尚不能完全胜任职教师资的职责。就"双师型"教师而言，目前职业院校的做法主要是采取"送出去"和"引进来"的策略进行培养培训。但将本校教师送入企业进行实践锻炼的方式往往效果不明显，存在教师和企业积极性都不高的问题，教师深入企业实践锻炼的待遇和工作量没有很好地解决，而企业自身在参与教师培训上积极性不高。直接引入企业工作人员，还存在着教育理论缺乏的问题。那么面对这样的困惑，是否可以从源头上解决"双师型"教师培养的问题，显然职业技术师范院校对其进行专门培养应该是"双师型"教师的主要来源方式。

（二）综合性大学、理工院校和技术型院校附设职业教育教师培养机构

综合性、工科性、技术性大学有些在学科与师资方面具有优势，有些则在技术与实验上具有自己独特的一面，而这些优势既可以吸引优秀的生源，也可以为职业教育教师的教育提供丰厚的基础设施。世界上许多国家依托普通高校开展职业教育师资培养。如日本、美国在综合性大学内部设立职业院校教师的培养机构；德国、英国在技术类的师范大学或者多学科类的大学内设立专门为职业院校培养教师的师范或者教育系。我国从20世纪80年代末逐渐在普通高校或师范院校设立职业技术教育学院。如河北师范大学设置职业技术教育学院，利用普通师范院校多年发展所形成的师范性优势，设立专门的职业技术教育院系，培养职教师资。

四、质量保障

这一模式强调"双师型"教师培养过程的学术性，关注教师的理论素养和学术水平，主要进行学科专业知识和教育专业知识的教育，对于其专业发展具有重要的意义。但是这一模式走入了"知识决定论"的误区，拥有知识并不一定能够实现能力发展，能力的发展不仅仅是一个知识过程，也需要一定的行为塑造和实践反思。我们在实践中往往会发现，一些职业教育教师的知识理论非常扎实，但是他们在实践中缺乏相应的技能，难以指导学生的实训环节。因此，需要改变职前培训中严重的学科化倾向，提高企业的参与度，引入现代企业的新技术、新工艺、新方法，跟上科学技术的发展，加大实践技能教学环节。在职后培训中，明确企业与职业学校合作的义务性，允许职校教师、学生能真正到企业实习锻炼，接触、掌握新技术、新方法、新工艺，从而提高教师的专业实践能力。让"双师型"教师有更多的机会去企业实习，参与到真正的生产加工中去，提高自身的实践能力；为基层教师提供更多的学习实践机会，为教师深入企业实践搭建更多平台；建立有关制度考核评价教师赴企业实践的实效性。

第二节　校企合作培养模式

一、明晰教育理念：产学研相结合

《国家中长期人才发展规划纲要（2010—2020年）》关于人才发展规划的重大政策中指出，实施产学研合作培养创新人才政策，建立政府指导下以企业为主体、市场为导向、多种形式的产学研战略联盟，通过共建科技创新平台、开展合作教育、共同实施重大项目等方式，培养高层次人才和创新团队。

近年来天津职业技术师范大学在机械工程、电子工程等专业领域尝试探索产学研相结合的硕士层次"双师型"教师培养。积极开辟新的产学研基地，有重点地加强校企联合实习实践基地建设。尤其是一些高科技产业与高科技研究部门，更是立足于科学技术的前沿积极搭建平台，鼓励"双师型"研究生走进企业，主动开展科技服务承担科研项目。通过为企业提供技术咨询，开发产品，转化科研成果，让他们得到进一步的锻炼和提高。走产学研结合的道路，增强了"双师型"研究生创新能力和实践能力的培养，提高了其自身的技术转化与技术开发能力。这不仅是学校与社会、理论与实践、教育与生产相结合的不可或缺的教学环节，也是对学校、社会、企业资源的合理利用。通过产学研实践基地的平台，让研究生积极参与到工程项目和新产品开发中，提高研究生的动手能力，有效解决研究生专业教学与实际科学技术发展水平脱节的矛盾，也发挥他们的自主创新能力和学术研究能力，他们无论是理论水平还是动手实践能力都得到大大提高，"双师型"研究生的教学、科研和实践等综合素质明显提升。

"双师型"教师培养的是一种复合型人才，其具备理实一体的职业教育能力、从事职业教育科学研究的研究能力和把握最新职业发展动态的实践能力。这三方面的复合能力仅仅在学校中、书本中是难以形成的，而需要借助相关的实践平台和科研平台。从其成长规律来看，并不是先理论再实践或者先实践再理论或者理论实践同步进行的过程，而是较为复杂的，可能理论与实践的中介环节也在发挥作用，交织着理论学习实践应用和科学研究等多方面的环节。总之，这类人才的特征和成长规律具有独特性，其培养模式不同于普通职教师资的培养模式，应有独特的培养机制。这类复合型人才难以在单一的空间和场域中培养出来，而需要优势互补的资源整合。通过产学研合作，就能够将学校和企业的各自优势发挥出来。学校在理论、教育和科研方面的优势明显，企业在生产实践、技术更新等方面的优势明显，二者互补能够为"双师型"教师培养提供平台。

产学研合作教育是一种以培养学生的全面素质、综合能力和就业竞争力为目的，利用学校、科研院所和企业三种不同的教育环境和教育资源，采取课堂教学与学生参加实际工作有机结合的方式，来培养适合不同用人单位需要的应用型人才的培养模式。产学研合作作为一种新型教育模式，主要是充分利用学校和企业、科研单位等多种场域在人才培养方面的各自优势，一种把以书本知识和实践能力为主的生产、实际经验、科研实践结合起来的教育形式。这种合作教育模式由美国辛辛那提大学工程学院教务长赫尔曼施奈德开创，他于1906年在辛辛那提大学推行了第一个合作教育计划，1983年成立世界合作教育协会，标志着合作教育已经成为世界性的教育改革潮流。麻省理工学院实施本科生科学研究计划，明确规定大学生的学习内容除了课程学习之外，还有科学研究方面的学习和任务；德国所谓的大学教育的第二次革命，就是指出"教学与科研相结合"的过程；英国大学则实行工读交替制,大学生在学习期间要到与本专业有关的企业部门工作一年或两年,这已经成了制度。实践证明,产学研相结合是国际公认的培养创新人才的最佳途径。产学研结合即产业、学校、科研机构相互配合,发挥各自优势,形成强大的研究、开发、生产一体化的先进系统并在运行过程中体现出综合优势。产学研有机联合是培养"双师型"教师的必然选择,这种机制能够整合多种资源,便于形成"双师型"教师的复合型人才特质。

二、定位培养目标:理实一体的复合素质

产学研相结合模式培养的"双师型"教师,是一类复合型人才,其培养目标体现出来的复合化,主要是指从纵横两个维度上体现出其多方面、多层次的素质。横向上体现为专业素养、教育素养和职业素养的融合性,纵向上体现为理论知识层面、实践应用层面和研究创新层面的层次性。使产学研相结合的"双师型"教师培养模式所培养的人才具备相应的专业素养。理论知识层面体现为掌握所从事专业的基本理论体系;实践应用层面体现为能够在实践中熟练应用所学专业理论知识,具备较强的专业实践能力;研究创新层面体现在能够在该专业领域进行科研创新。产学研相结合的"双师型"教师培养模式所培养的人才具备相应的教育素养,理论知识层面体现为掌握扎实的教育理论;实践应用层面体现为能够高效从事专业教育工作;研究创新层面体现为能够开展专业教育研究,在专业教学论、专业课程论、专业教育心理等方面有所建树。

产学研相结合的"双师型"教师培养模式所培养的人才具备相应的职业素养。理论知识层面体现为能够掌握与专业相近的职业信息,并能将最新的职业动态和技术变革信息融入自身的专业教育工作中。实践应用层面体现为能够在相近的职业技术领域熟练操作,取得匹配的职业技能资格证书。研究创新层面体现为能够应对技术变革和职业发展过程中的挑战而开展职业动向方面的理论研究与应用研究。

三、整合化的课程设置与实施

正是"双师型"教师人才特征的复合化决定了其课程培养体系具有整合化特点。从不同的角度,可以将课程分为不同性质的类别,其课程体系体现出整合化特点。

一是专业课程、教育课程与职业课程整合。充分发挥教育学与工学的优势,通过教育学课程与工学课程的开设构建一种具有复合型的知识体系。需要构建一种"职业课程+教育课程+专业课程"相整合的课程结构。

二是基础性课程、研究性课程和应用性课程相整合。基础性课程保证其专业素养基础、教育素养基础和职业素养基础;研究性课程能够培养其职业教育研究能力;应用性课程能够发展其职业教育实践能力和职业技能实践能力。显然上述不同类别课程的不同功能,决定了其体系整合的复合功能的实现。

第三节 自主成长模式

一、明晰教育理念:自主实践反思的过程

当前科学技术发展速度不断加快,新技术、新发明层出不穷,今天人们所学的知识和技术,明天可能就要落后了。对于"双师型"教师来说,其需要掌握的技术实践能力随着技术的更新应不断提升。同时,在有限的时间内,我们也不可能把人类社会中所有的知识和技术学完,特别是在当前知识经济时代,越来越呼唤"双师型"教师具备一种自主提升发展的能力,自主学习意识、自主学习能力成为"双师型"教师不断提升自我的主题。"双师型"教师的培养成长过程是一个自主实践反思的过程,"双师型"教师要永远能够与时俱进。

有观点认为，"双师型"教师对其专业活动的认识、理解和信念并不是从外部获得的，而是从内部构建的，构建的途径是通过多种形式的反思实现的。通过反思，"双师型"教师可以对自己及专业活动甚至相关的职业教育活动有更深入的理解，发现其中的职业教育意义和价值。"双师型"教师不仅仅只是储存已有教育观念的"容器"，"双师型"教师的工作不仅仅就是把其所获得的专业理论和教育理论应用于职业教育实践。也就是说，除了外部给予教师的理论知识之外，还存在着内隐于教师实践之中的"行动中的知识"个体知识。在"实践—反思"模式那里，"双师型"教师专业发展带有了更多的主动探究和自我改进的色彩，突出教师自身在其专业发展中的主体地位和价值。其专业发展过程是一种自我理解、自我成长，即专业发展是人的发展，它不是外在的、技术性知识的获取，而是通过各种形式的反思促进教师对于自己专业活动的理解。"通过诸如写日志、传记、构想、文献分析等方式单独进行反思，或通过讲故事、信件交流、教师交流、参与观察等方式与人合作进行反思"来实现发展。"双师型"教师专业的发展依赖于教师对自己的教学行为进行反思性的观察。有研究表明（Lortic，1975），对教学影响最大的因素既不是教育理论，也不是技能训练，而是教师通过自己的上课所获得的对有效教学的理解。因此，教师应该让自己置身于不同的教学风格和方法中，反思自己的以及别人的教学，做自己的老师，从这些体验中获得更多的益处。反思性的观察就是一种教师主动学习和成长途径，"双师型"教师专业是一种鼓励认知、尝试、分享和推广合理性实践的个人内心的加工过程。舍恩的"反思性实践家"（reflective practitioner）这一概念是作为抗衡近代主义的专家形象——"技术熟练者"（technical expert）而倡导专家形象的。舍恩指出，历来的专业是把专业知识和技能运用于实践情境的"科学技术的合理运用"（technical rationality）之原理作为基础完成工作的；而当今的专家则是投身于顾客所面临的复杂的泥沼般的问题之中，基于"活动过程的省思"（reflection inaction），同超越了专业领域的难题进行格斗。在"反思性实践"中，"实践性认识论"替代"技术性熟练者"，构成了专家活动的基础。模式认为应当关注"实践"，强调"实践"本身所包含的丰富内涵，关心"教师实际知道些什么",并在这个"实然"的基础上提出专业发展的设想;认为教师专业发展的目的并不在于外在的、技术性知识的获取,而在于通过这种或那种形式促使教师对于自己、自己的专业活动,直至相关的物、事有更深入的"理解",发现其中的"意义",以促成所谓"反思性实践"(reflective practice)。把教师的实践性知识和实践性智慧视为教师专业发展的重要基础,注重从教育教学活动的实践需求出发鼓励教师的自主学习和自我活动,把理论和实践紧密结合起来。"双师型"教师专业发展过程实质上突出了教师个人的主体性,强调了教师个体的个性化实践经验。从根本上说,职业教育教学活动是一种个性化的艺术活动,因此,我们很难通过程式化和模式化的规范去约束教学行为。教师在教学活动中完全可以根据自己的个性化经验进行创造和实践,职业教育教学过程是教师个体生命意义的一种体验过程,教师的专业发展是一种自我反思、自我理解和意义体验的过程。

二、定位培养目标:可持续发展能力

未来的"双师型"教师仅靠职前教育和职后培训所获得的知识经验仍然不够,必须提高自身的可持续发展能力(它是指教师在个体发展过程中既要适应当前的发展,又要有利于今后的发展,更要为今后的又好又快发展提供充足的养分和条件,这也是个体发展的需要)。"双师型"教师的可持续发展能力具体包括自主发展能力、自主学习能力、自我反思能力。

(一)"双师型"教师自主发展能力

Tort-Moloney 主张:"教师自主是一种自主性职业发展的能力,自主的教师能够真正懂得教学技巧何时、何地、为何以及如何在教学实践的自觉意识中获得。""双师型"教师应成为具有强烈责任感,在教育教学活动中能够不断反思,具备自主的可持续发展能力。对技术技能提升的渴求应成为"双师型"教师成长发展的基本动力和前提条件。"双师型"教师要有自我认知的能力,对个人需要与专业技能发展目标关系准确认识,不断激发自我学习的动力，明确自己职业人生发展的目标。自我认知、自我批判、自我超越、自我创造应成为"双师型"教师专业成长的目标。

（二）"双师型"教师自主学习能力

"双师型"教师的成长经历了"教师教育—教师培训—教师学习"这样几个历程，教师学习是当代教师发展问题的逻辑走向。从教师教育转向教师培训再转向教师学习，实质上是对教师主体地位和教师自身价值的肯定。美国学者泰勒就曾预言："未来的在职培训，将不被看作是'造就'教师，而是帮助、支持和鼓励每个教师发展他自己所看重、所希望增加的教学能力。占指导地位的、被普遍认可的精神，将把学习本身放在最重要的地位。"所谓教师学习，是指教师在自身努力或外部环境等因素的影响下，其专业知识、专业能力和专业态度等方面得到成长变化的过程或活动。教师学习是以教师主动性为核心的学习成长过程或活动，是对已有教师培训、教师教育的超越与发展。教师培训和教师教育等方面的工作有效开展实质上是以教师如何有效地学习或教师学习的内在机制为依托的。"双师型"教师学习不能简单地等同于教师培训，而是教师主体性和教师内在动力突显的一项活动。

（三）"双师型"教师自我反思能力

美国心理学家波斯纳曾提出教师成长公式：经验＋反思＝成长。他指出，如果教师仅仅满足于获得经验，而不是对经验进行深入的思考，那么他的发展将受到很大的限制。反思型教师能够成为终身学习者，教师具备反思的意识和能力，就能够持续不断地对自己的教育教学实践进行反思，便能够不断提高自我。学会反思是"双师型"教师发展中的重要内容，反思也是"双师型"教师可持续发展中不可或缺的教育教学行为。"双师型"教师通过自我反思，不断重新认识自身的教学行为和理念，能够促进自己对职业教育教学活动有更深刻的理解。从"双师型"教师的职业实践技能获得来看，很大程度上属于缄默知识的范畴，需要依靠"双师型"长期的实践反思；从"双师型"教师的教育教学能力来看，也需要有自身的反思。

三、课程设置与实施

（一）职业生涯规划教育课程

我国职业院校教师传统的职业生涯成长路径是"助教—讲师—副教授（高级讲师）—教授"这样一种模式。其实，这种路径缺乏企业或行业的技术能力和实践能力等元素，很难满足职业教育的要求。"双师型"教师作为职业教育教师，要突出其生产实践、企业技术等特色，其相应的成长路径应为"助理工程师—工程师—高级工程师—教授级高级工程师"与"助教—讲师—副教授（高级讲师）—教授"相交融，体现出"双师型"教师的成长过程是伴随着生产实践能力提升的教师学识水平发展的轨迹。所以，从这一角度上说，"双师型"教师自我成长的过程需要做好自身的职业生涯规划。

（二）教师实践案例课程

美国斯坦福大学退休教授李·舒尔曼（Lee Shulman）则认为案例教学法"是理论与实践之间理想的折中方法，是当今教师教育的必然选择"。"双师型"教师的知识结构中存在着一类由职业实践知识、教育实践知识和专业实践知识所构成的实践性知识，这类知识直接奠定了"双师型"教师区别于其他教师的独特属性。这类知识如何获得？恐怕很难依靠别人告知或书本阅读来获得，而是和"双师型"教师在其实践活动中不断内化、反思密切相关，是基于实践的反思而形成的一种个体化经验。所以，在"双师型"教师的职前培养、职中工作和职后培训过程中，也都离不开一种教师实践案例课程的学习。通过实践案例课程，对于职前培养的"双师型"教师可以借鉴其实践经验，职中工作的"双师型"教师可以与其自身的实践探索相对照取长补短，职后培训的"双师型"教师可以提升自身实践经验。

（三）自我认知课程

对于传统的职业院校"双师型"教师培养，缺乏一种自我认知的教育。

教师教育课程设置中，存在着认识其他事物的课程，而缺乏认识自我的课程。需要加强"双师型"的自我认知意识和能力，对自身的专业发展方向能够自主认识。对"双师型"教师培养的自我认知课程主要围绕三个方面进行：对自己过去发展过程的意识、对自己现在发展状态和水平的意识、对自己未来发展的规划意识。

（四）微格教学法课程

微格教学法是一种反思教学的教师教育课程，可以把"双师型"教师的教育教学活动进行录像，然后重新回放录像内容，"双师型"教师及相关人员边看边议。教师自己在观看自身活动的录像中，能够不断认识自身的优势和不足，不断反思，逐渐形成自主发展的思路。同时，其他观看者以旁观者的视角可以帮助录像中的教师提出改进意见和建议。

四、培养途径

（一）"双师型"教师做好自主规划工作

有规划和目标的活动往往能够事半功倍，"双师型"教师的自主成长需要自主规划其职业人生，分析自身欠缺什么素质，需要哪方面的提升，近期主要学习什么、弥补什么，职称评定、技能提高、学历提升、企业经历等环节在什么时候完成，通过什么方式实现。不断进行自我分析，尤其是在教育教学能力和职业实践能力方面有具体的分析；制订发展目标和行动策略，朝什么方向发展，通过什么途径开展行动。例如，山东科技职业学院采取生涯规划策略培养"双师型"教师，提供人才全面发展或不同类型人才专长发展的平台，充分考虑教师个性发展和自我实现的需要，发挥产学研协同发展的优势，使其教学能力和实践能力同步提升，提高个体的职业化水平；企业工程技术人员通过参与高技能人才培养工作，提升理论水平，实现教学相长，成为行业的专家和学生的良师。

（二）基于"双师型"教师发展阶段分层次提升

"双师型"教师的各种素质需要一个连续性和阶段性的成长过程，根据自身职业生涯发展的规律，总是应经历几个发展阶段，从新手型"双师型"教师，到熟练型"双师型"教师，再到专家型"双师型"教师。这就需要"双师型"教师自身做好职业生涯的规划。新手型"双师型"教师实际上是一个初入门的阶段，要关注基本的教育教学能力、职业实践能力发展。熟练型"双师型"教师要关注经验提升、技术更新、智慧积累等方面的发展。专家型"双师型"教师要关注企业应用技术研发能力、技术服务能力、教育创新能力等方面的发展。基于发展阶段分层次培养，有助于实现"双师型"教师由被动发展向自主发展跨越，使每个层次的教师都有所发展。

（三）"双师型"教师主动开展校本教研

结合学校的特色专业、精品课程、教材建设等工作，承担教学研究、专业建设和课程开发的工作，通过自主探索提升自身素质。可以对自己在教育教学过程中遇到的问题开展研究，在研究过程中解决自身遇到的问题，并能够提升自己的理论水平和经验。"双师型"教师的成长过程就是不断地开展校本教研而逐步丰富知识和经验的过程。

（四）主动撰写反思日记

反思是个体活动中的一种高级形式，是活动主体对自己的观念与行为进行的认知和审视。反思是"双师型"教师自主发展的重要途径。通过撰写反思日记，能够促进教师教育教学方法的改变，提高教育教学质量；能够帮助教师自身不断反思自己，总结经验，提高自身素质；也能够在反思中升华出具有普遍实际意义的理性认识，可以提高"双师型"教师的科研能力。主动撰写反思日记，主要反思自身的教学行为、管理行为和生产实践指导行为。通过反思日记，"双师型"教师能够以批判的眼光反观自己，分析相关问题产生的原因，通过总结经验和吸取教训并能够自觉提出改进发展的建议。

五、质量保障

建立教师自我培训的机制,通过制度和奖励政策激发教师的内在动力,发挥教师个体在"双师"培养过程中的主观能动性。要求教师根据自身条件,结合学校的"双师"目标规划,有针对性地通过自学、自培,不断提高完善自我。

(一)建立"双师型"教师激励机制

一是在职称评定和工资晋级方面,"双师型"教师在同等条件下优先;二是年度考核、评优奖励向"双师型"教师重点倾斜;三是提高经济待遇,设立"双师型"教师专项津贴;四是在选拔专业带头人和骨干教师、提拔干部时,优先考虑"双师型"教师;五是在学术进修、科研项目申请、课程安排等方面要优先考虑"双师型"教师。另外,要让"双师型"教师积极参与学校的管理,教师根据自身的条件积极为学校的发展献计献策。

(二)改革职业院校教师职称评审标准

我国职业院校教师的职称评审标准很大程度上是参照普通院校的,注重论文和科研项目的质量,未能准确反映职业院校教师的实践操作能力、技术技能人才培养水平等,这样的职称评审标准显然是不利于"双师型"教师队伍建设的。所以有必要修改完善职业院校教师职称评审标准,把技能考核作为职称评审的主要标准,适当降低学术水平要求,制定符合职业教育实际的职称评审标准,真正凸显职业教育对"双师型"教师的素质要求。

(三)提供"双师型"教师参与各项活动的机会

个体的自主发展意识和能力往往是在参与活动中得到增强的,职业院校要为"双师型"教师提供多方面的参与活动,在专业建设、课程开发、教学改革、学术交流等方面加大"双师型"教师参与力度,可以有效地促进"双师型"教师发展的自主意识。比如,在专业人才培养方案制订活动中,"双师型"教师参与研讨人才培养定位、讨论课程设置、确定培养机制等方面，可以增强"双师型"教师在人才培养中的责任感，同时使其能够找到自身在人才培养中的地位。

第四节　文化生态模式

以往人们对教师培养的研究，多关注从外部力量来促进教师的发展，多考虑学生的发展、理论的培养等方面，实际上多是从外部孤立地看待教师的成长，很少关注教师与教师之间及相关因素的关系对教师成长的影响。从文化生态的角度看，"双师型"教师的培养成长是在与其他人、事物相互的关系中进行的。"双师型"教师是学校学术文化与企业职业文化的融合，"双师型"教师是一种文化象征。文化是事物内在的灵魂，"双师型"教师之所以为"双师型"教师，根本上在于隐藏和形成于其身上的文化。技能是"双师型"教师的外显行为，而文化才是"双师型"教师的根本。在当前的职业教育实践中，亟须形成一种"双师型"教师培养的文化生态模式。"文化生态是指一定时代各文化要素之间相互关联所呈现的形态以及由此形成的一种具有特征性的文化结构，它在本质上规定并表征着人的生存方式及其相互关联。""双师型"教师的义化生态培养模式就是将"双师型"教师视为一种特殊的文化，并将其置于相互联系的文化生态系统之中，在关联中实现"双师型"教师的成长发展。

一、明晰教育理念："双师型"教师发展是一个文化生态过程

前义的三种培养模式分别从理性、技术和实践视角探讨"双师型"教师成长发展问题，表现出"重视知能、忽视人文"的倾向；较多体现出工具理性、标准划一的教师发展观；缺乏文化关怀和文化关切，尤其对处于不同文化背景下具有独特性、异质性的"双师型"教师成长发展缺乏关

注。对教师的研究，从关注个体的认知加工和操作技术转向关注个体与个体之间的关系。个体发展是在其所处的环境中逐渐成长的，是个体与文化相互建构的"参与中转变"过程。人类发展是人们参与社区社会文化活动的不断变化过程，罗高福将其描述为"参与中转变"（transformation of participation）。她认为："不是文化影响个体发展或个体发展影响文化，而是人们在参与文化活动中获得发展，文化活动本身也由于人们的代际介入而发展，每一代人在与其他人进行社会文化活动时，会运用和拓展从上代人那里继承的文化工具和惯例，人们通过共同运用文化工具和惯例而发展，同时人们也促使了文化工具、文化惯例以及文化机构的转变。"事实上，"双师型"教师发展离不开特定的社会文化环境，离不开周围的教师以及教师之间的相互影响和社区的活动。从罗高福"参与中转变"的观点出发，我们可以认为，"双师型"教师的成长发展正是他们在参与职业文化活动过程中与社会群体相协调的各种变化过程，教师是作为职业文化活动的参与者，通过"参与中转变"而不断获得发展的，而且这种发展只能通过其不断变化的文化实践和所处的社区环境来理解。

同时，"教师专业发展即生态变革"的观点强调教师专业发展并不全然依靠自己，而更应该从其所处的环境中寻求发展动力。因此，需要确立一种文化生态的发展模式，文化生态培养模式下的教师在其教育教学过程中，其专业实践风格是个性化的，教师在其实践中并不是完全处于孤立状态，其专业知识与能力不全然依靠自己，教师并非孤立地形成教学策略和风格，教师向他人学得更多，教师专业发展依赖于群体性的教学文化或教师文化。正如杜威所主张："只有智力懒惰才会导致我们得出结论说，由于思考和决定形式是个体的，它们的内容、它们的学科，也是某种纯粹个人的东西……似乎是单个的事情在进行，但是它们是一起进行的。没有发现任何完全孤立进行的事情，任何事情的进行都与其他事情的进行联系在一起。"不应把教师当作孤立的个体，而应置于文化关系、社会关系之中来理解。因此，"双师型"教师发展需要一种合作的发展方式。文化生态培养模式主要聚焦点不是学习某些学科知识和教育知识，也不是个别教师的反思，而是建构合作的教师文化，在合作互助中促进教师的发展。"双师型"教师的培养发展过程实质上是校企合作、工学结合、理论与实践、个人与群体等多方面的合作融合过程。

"双师型"教师的成长发展是一个文化生态过程，旨在从三个层面关注教师培养问题。（1）教师个人层面。通过对教师在文化活动参与中的个人成长经历、认知方式、思维模式、价值观念、处世态度、生活方式等的分析与解读，考察和剖析特定社会环境和文化对教师个体发展（表现在教育观念、知能结构和文化性格等方面）所产生的影响。（2）教师群体的人际层面。教师与同伴之间的合作交往是教师专业发展的重要方面。师父带徒弟的方式是一种较为有效的教师培养之路。（3）职业教育文化生态环境层面。教师所处的工作生活环境对其专业发展也有着重要的影响作用。"双师型"教师的成长正是出于职业技能的熏陶和职业文化的涵养之中。文化生态模式下的"双师型"教师专业发展需要建设具有校企融合特点的学校文化，将企业文化融入学校，在学校营造企业化的氛围，建企业格言墙、励志格言墙，与企业合作在校内设立生产流水线，有校办工厂，生产产品和加工，建一体化教室，实行一体化教学，通过产教结合培养学生，以推动和促进"双师型"教师专业发展水平的快速提升。

二、定位培养目标：形成一种"双师"文化

学习教学技能和职业技能对于"双师型"教师的培养成长具有重要的意义，但是"在教学中，'专家'或'熟练者'的能力无法'直接'地传授给其他人，也就是说，在教学领域中'方法'不是'公共的'；更重要的是，在这个教师是'好的'、有效的方法，对那个教师而言未必也是好的"。而只有在教师专业精神、信念、价值观等文化层面得到涵养，才能成为具有内涵个性的教师。"教师专业内涵的核心，或者说专业精神的原动力应该是文化，只有强大的文化才是教师专业能力、专业素质的根基。"教师文化被看作是一种组织文化或群体文化，它是教师群体在共同的学校教育环境里，在教育教学过程中创造出来的物质成果和精神成果的总和与表现。教师文化可以被划分为三个层次，即教师的思想观念层次、价值体系层次和

行为模式层次,这三方面共同构成教师文化整体。"双师型"教师的文化生态培养模式旨在形成一种双师文化。双师文化深入渗透到教师的信念、态度、对工作的理解和教育教学行为之中,能够对"双师型"教师的培养发展产生深刻的影响。

(一)坚定尊重技术技能的"双师型"教师的职业教育信念

信念是人们对某种观点、原则和理想等所形成的内心的真挚信仰。一个个体从事一项工作,如果其从内心深处信仰这项职业工作,那么才能真正地融入这项工作中。教师信念的确立是教师文化形成的根基。"双师型"教师也是如此,信念是其成长发展的思想基石,将直接影响着行为。正如菲蒙特和弗洛登所说:"有效的教育改革必须建立或重建在教师和那些准教师们既有信念的改革之上。"信念在个体的专业或职业发展中处于最高层次,它统摄着个体素质结构的其他方面,因此,"双师型"教师的职业教育信念是一种深层次的文化结构。当前,我国社会大环境和宏观教育环境中都存在一种鄙视技术技能的现状,将职业教育视为下等教育、不会被首选的教育。面对这样的现状,"双师型"教师应始终坚定起一种高度重视职业教育的信念,坚信技术技能在国家社会发展的重要作用,坚信职业教育在国家社会经济发展中的价值。

(二)形成走进企业实践的"双师型"教师态度

"教师文化构建就是在确立信念的基础上转变教师现有的不适应学校发展的态度,并随着态度的更新产生持久的行为倾向。""双师型"教师区别于普通教师的主要标志是其实践技能企业实践经历。形成"双师型"教师文化需要"双师型"教师有一种积极的企业实践态度。因此,"双师型"教师要主动走进企业,参与企业生产实践。面对当前"职业教育吸引力不足""职业教育是二流教育""鄙视技能""职业院校学生是难教的差生"等观念和现实,"双师型"教师能够具备热爱生产活动、尊重技能人才、捍卫职业教育等态度。对于企业生产实践,"双师型"教师以一种积极融入和走进的态度面对,而不是远离或用另一种鄙夷的目光看待。要转变不合理、不正确、消极的态度，形成正确的、积极的态度。换句话说，"双师型"教师是关注企业生产实践的教师，始终能够积极融入企业实践。这一目标的实现需要提高"双师型"教师的工作满意度，增强"双师型"教师对职业教育的文化认同。

（三）塑造行动导向传递技术技能的"双师型"教师行为

教师文化基于教师的信念，由内而外展现最终落实在教师的专业态度和教育教学行为上。教师行为是教师文化的外显表征，"双师型"教师行为主要表现为技术技能教育和传承，教育教学方法的使用、与学生的交流互动、与同事的交往、与企业生产的联系等。面对职业院校学生文化知识基础差、行为问题突出、难管难教等现状，"双师型"教师要转变传统的教育教学行为，不要将职业院校的学生一棍子打死，而是采取符合这类学生特点的教育教学方式，运用行动导向着重传递技术技能。行动导向的教师行为是"双师型"教师区别于普通教师的一个重要标志，这是根源于"双师型"教师所属的教育活动性质，教授技术技能而不是单纯的理论知识。

三、凸显"双师"文化的培养体系

"双师型"教师的成长是一个文化生态过程，主要在于"双师"文化的形成。那么，依靠什么来关注其成长的文化生态属性，用什么内容来培养其"双师"文化。"双师型"教师是一种特殊的文化形态和文化象征，"双师型"教师的培养是一个文化过程，"双师型"教师的成长发展依赖于"双师"文化。"'双师'文化的培育是一项复杂的系统工程，需要构建一个政府、职业院校、职业院校教师以及'双师'群体共同参与的立体网络。""双师型"教师的深层次成长发展是一种文化过程，其体现为学术文化、企业文化和教师文化的融合。建设具有校企融合特点的学校文化，将企业文化融入学校，在学校营造企业化的氛围，通过产教结合，以推动和促进"双师型"教师专业发展水平的快速提升。总之，"双师型"教师的复合型知识结构需要采取"学校与企业、工作与学习、理论与实践"等跨界的课程文化。开设相关课程，在专业课程（教材）开发中吸纳，注重潜在课程的文化感染。如，职业文化走进中职教室烹饪专业以"儒厨"为主线，利用厨房"5S"管理特点来管理班级；摄影专业以胶卷为底纹布置班级文化墙；幼师专业以钢琴键盘和五线谱修饰黑板。通过设立冠名班、企业奖学金等形式，将企业的价值理念、思维方式、管理方法等引入课程文化和班级文化建设中，进而带动具有企业特色校园文化的构建；鼓励企业技术人员到职业学校任职，宣传企业的价值观念，实现企业文化与校园文化的融合，建立"学术文化、企业文化和教师文化"融合的课程文化理念。

四、培养途径

教师发展总是在一定的文化生态系统中实现的，学校需要为教师发展创造良好的文化生态环境，在人与文化的相互建构中实现学校和教师的主动发展。"教师信念的发展要受到教师从教后的教育实践、所处的社会环境条件、教师群体间的文化特质以及自身的知识储备等因素影响"。

（一）创设良好的学校文化生态系统

从文化生态培养模式来看，教师信念与教师教学行为并非因果联动的关系，而是处于互动关系，即教师的信念产生与教师实践和教师生存环境，受制于其所处环境中的价值观和文化、指导教师的实践活动，而教师在教学实践活动中进行的反思和积累的经验又可以改变教师已有的信念。此外，无界化整合校内资源推动"双师型"教师队伍建设，如宁波职业技术学院的会计专业与财务处共建——真实业务实训室；建筑系与基建处共建——实训项目对接工程项目；国际学院与外事处共建——校园项目实训室。财务处工作人员作为会计专业的教师，会计专业的教师到财务处挂职；建筑系的教师在基建处挂职，基建处的工作人员参与建筑系的专业教学工作；国际学院的教师也是外事处的职工，外事处的职工也是国际学院的教师。通过教学单位与对应的机关业务单位共建合作，实现了整体的"双师型"教师队伍建设。

（二）将"双师型"教师置于企业文化环境下熏陶

基于"双师型"教师的成长是一个文化过程这一理念，着重通过技术文化、职业文化、企业文化等内在的力量构筑"双师型"教师的精神价值。教师价值观的改变和行为的改进，有时候很难由别人强制灌输和改造，而需要放在相适应的文化环境下自然熏陶和创生。"双师型"教师的成长需要依赖于真实的企业文化环境，只有深入真实的企业文化环境之中，"双师型"教师才容易而且深刻地内化和生成职业教育的价值与行为。

（三）创设好组织文化

教师的成长发展是教师与情境交互作用的过程和结果，组织文化是影响"双师型"教师成长发展的重要文化情境之一。大力倡导教师之间的交流合作与知识共享，相互借鉴、相互汲取经验。教师是学习共同体的成员，在交流合作中实现其专业发展。一方面是"双师型"教师在师父带徒弟的模式中成长，新教师找一位经验丰富的老教师做专业课教学的指导教师，得到老教师一对一、一帮一的有效指点。在教学过程中，要求相互听课，相互交流，相互探讨。老教师要毫无保留地把专业课知识传授给新教师，新教师要敢于独立解决专业课教学中的疑难问题，在教师教育教学经验的传递中汲取营养。通过积极互动，促使新教师专业知识水平的快速提升。实践表明，对于"双师型"教师职业教育教学能力的提升和职业实践技能的获得，"师父带徒弟"的模式有着不可比拟的优势。另一方面是"双师型"教师在相互交流中不断内化各种信息，完善自身的认知、态度和行为。发挥学科带头人的引领作用，构建学科带头人技术研发制度，选派学科带头人定期赴国内外职业院校和企业考察研修，使学科带头人掌握职业教育和企业生产的最新动态。为学科带头人创造参与技术改革和生产研发的条件，通过传帮带引领其他教师发展，进而提升整体"双师型"教师素质。

（四）加强院校之间的交流合作

"双师型"教师培养的成本高，职业院校之间应该建立优势互补、资源共享的平台，加大纵深合作，使"双师型"教师培养的资源得到充分有效利用。职业院校可以选拔一批专业带头人和教学科研骨干到普通高校或科研单位去提升学历学位，提高专业理论水平。也可以在职业院校之间经常进行交流访问活动，聘请兄弟职业院校"双师型"教师能手担任校外兼职教师，组织教师听公开课、示范课，参加研讨会等。

（五）基于团队建设提升"双师型"教师能力

在"双师型"教师的成长发展过程中，存在着缺乏团队依托，处于自发松散的状态，影响教师发展的动力。为解决这一问题，北京电子科技职业学院基于团队建设提升教师实践能力共同的团队建设目标，激发教师参与专业实践的积极性，在团队建设的目标和共担责任的认同过程中，提高了教师对实践能力在人才培养中重要性的认识，增强了对自身素质能力现状的自我认知，感受到来自组织和同伴对提高素质能力绩效的压力，与相关企业建立优势互补的稳定合作关系。同时，借助团队带头人的影响关系，为团队成员教师发展提供稳定的基地，团队建设有助于发挥团队成员的自主性和创造性。

五、质量保障

（一）关注整体的"双师型"教师

教师的发展不仅仅是外在的教学行为改变，还应重视其内在的价值内化。关注"双师型"教师本身的同时，更要关注其所处的环境。转变过去那种剥离出背景和文化因素的个体式教师，而将其置于复杂丰富的文化背景下，整体全面地认识"双师型"教师，不仅关注"双师型"教师的专业教学，也要关注其教育价值观和态度。

（二）形成"双师型"教师发展的竞争与合作机制

加拿大学者富兰指出："在教师学习中，每个教师每天坚持独立学习并与其他教师进行真正的合作学习，是教师学习个性化与精确化的前提条件。"在群体的相互联系中往往能够得到深远的发展。比如，技能竞赛机制可以培养和提高"双师型"教师的素质。一方面，可以组织校内教师开展专业技能比赛活动，聘请行业企业的技术专家出题、当评委，学生和其他教师当观众，在这样的专业技能评比活动中能够提升"双师型"教师素质。另一方面，在指导学生参加各种职业院校技能大赛的活动中，可以培养和提高"双师型"教师素质，以赛促学、以赛促练、以赛促教，在指导技能的竞争中提高技能。

（三）通过文化氛围建设进行感情激励

为"双师型"教师营造宽松的、民主参与的、具有发展意义的、具有凝聚力的校园文化和学术氛围，使"双师型"教师能够民主参与职校管理，满足尊重需要，产生自我价值的实现感。最终能够吸引企业高技能人才进校，减少职业院校"双师型"教师流失，以感情激励的方式使"双师型"教师热爱职业教育，愿意投入职业教育教学活动之中。

（四）实行发展性"双师型"教师评价

教师评价是教师发展的重要反馈调节环节，对教师评价的理念直接影响着教师成长发展的路径和模式。生态系统包括多个层次，在每一个层次中都具有丰富的变化，即都存在多样性，它体现了生态系统结构多样性及生态过程的复杂性和多变性，考虑每位教师自己独特的文化生态环境，关注到教师成长发展的差异和个性。建立多元化的评价指标体系，采用多样化的评价方式，尊重教师的人格和尊严，强调教师之间、评价者和被评价者之间的合作与交流，将激发教师专业发展的热情。

第八章 "双师型"教师培养策略与途径探索

"双师型"教师队伍建设是当前职业院校内涵建设的重要内容。近些年随着我国职业教育的快速发展,"双师型"教师队伍建设已经取得了一定的成效,但总体上建设缓慢,效果不明显,在一定程度上阻碍了职业教育的发展。结合自身实践,现就存在的问题进行分析,并针对性地提出解决路径。

第一节 职业院校"双师型"教师培养策略

高职院校双师型教师培养,面临着诸多挑战,为了应对这些挑战,实现高职院校双师型教师培养的实效性,必须要针对各类挑战,寻出应对挑战的策略和措施。但是,在运用这些策略和措施去应对挑战的过程中,必须要能够坚持必要的基本原则,即教书育人的原则。"双师型"教师培育,是要对教师进行技能培养,就是让教师具备实际的操作能力,但是,教师的本职工作是教书育人,而不是职业技术人员。因此,院校在对教师进行培养的时候,必须要能够掌握到这个度,让教师依旧能够将重心放在教育当中,而不能偏离轨道。针对面临的各类挑战,本着教书育人的原则,高职院校应该采取如下培养策略。

首先，针对资源欠缺的问题，高职院校要能够从问题的根源入手，明确高职院校需要的基本资源，即时间、资金、设备和渠道，认真分析这四种资源的基本分布情况。例如，院校培训者和教师现有时间结构，有多少空余时间可以花费在培训方面；院校资金分布结构，在了解了资源分布结构之后，查看哪些资源可以减少甚至取消，而集中于双师型教师培训方面，当然，如果资源充足，则不需要考虑这些问题，但是如果资源不充足，就有必要在做好分析的基础之上，进行资源的重新配置，甚至采取措施不断引进资源。例如，学校可以通过向政府申请补助资金，也可以向第三方贷款，或者也可以通过就业吸引企业投资等等方式，来弥补资金方面的不足。

其次，针对理念引导的问题，高职院校要能够做好思想教育工作，通过集体会议、校刊宣传或者制度管理的方式，让教师在潜移默化之中或者外界压力之下，不断转变自身的理念，认识到接受培训的必要性，积极响应院校"双师型"教师培养的政策。那么，院校应该如何通过这些渠道，来达到理念引导的目的呢？一方面，高职院校可以通过集体会议或者校刊宣传进行直接引导，宣导内容涉及时代变化发展的速度、教师面临的竞争压力、教育部的相关制度等等；另一方面，院校要能够将培训纳入制度当中，为培训结果确定一个考核标准，并将培训结果与教师以后的评职称晋升等明确挂钩，通过增加生存发展压力的方式，让教师切身感受到接受培训的迫切性和必要性。

最后，针对培训方向和目标欠缺的问题，院校要从自身角度，结合院校未来发展战略目标和方向进行划分，按照由远至近的原则，将其细化到阶段，形成阶段性的发展目标和方向。与此同时，将这些目标和方向划分到教师的身上，从而确定教师未来所必须要达到的水平。除此之外，还有必要对其他同行院校进行分析、对比，以行业基准来确定对教师整体素质和教学水平的要求，为院校的"双师型"教师培养确定一个合理目标，在这个过程中，分析和对比这个步骤，学校要加以重视，因为只有正确分析和对比了，对自身所确定的培训方向和目标才有可能实现，并获得社会的基本认可，才能够让这样的培训带动学校的整体发展。

第二节　职业院校"双师型"教师培养途径

（一）以校企合作促进"双师型"教师队伍建设

第一，职业院校要和企业建立深层次的合作关系，开展双向挂职锻炼活动，教师到企业，企业员工到学校从事兼职兼课工作，为"双师型"教师队伍建设提供平台。职业院校要成立专门机构负责对企业的对接工作，完善部门工作职能，为"双师型"教师队伍建设奠定基础。职业院校要联合地区骨干企业、行业协会共同组建"双师型"教师队伍专业建设委员会，全面负责"双师型"教师队伍建设，为"双师型"教师队伍建设提供咨询、指导。第二，利用互联网拓展"双师型"教师队伍建设空间。可以借助互联网技术优势，构建校企视频互动系统。在这方面，国内已有职业院校进行了深入探索。如浙江经济技术学院建立了远程教学培训、互动课堂等系统，与多家企业合作建设了互动平台，能够随时开展学校与企业现场之间互动。

（二）以项目研发促进"双师型"教师队伍建设

第一，校企双方在项目研发中培养"双师型"教师。职业院校可以通过纵向项目的实施，将教师研究成果反馈给合作企业，用于指导企业生产，实现技术向经济效益的转化。第二，校企联合开发课程。职业院校通过与企业合作，邀请企业参与到教材和课程的改革中，针对企业岗位实践，共同开发相关课程和教材。在课程开发过程中，教师专业素养能够得到累积，教学能力也能够不断提高。从学校的角度来说，要鼓励教师积极参与到企业技术研发中，参与到企业员工培训中，通过合作开发与培训，使教师掌握岗位实践能力。

（三）以技能大赛促进"双师型"教师队伍建设

职业技能大赛是检验职业院校教学质量和教学成果、展现院校教师队伍风采的重要活动。通过参加各级各类的技能竞赛，教师可以了解本专业发展方向，认识到自己本身知识结构的不足，更好地提高自身的专业水平和教学水平，达到以赛促学、以赛促练、以赛促教，促进"双师型"教师队伍建设。

（四）以建立机制促进"双师型"教师队伍建设

一是完善相关配套政策，建立协同创新长效机制。地方政府要参与到校企合作之中，为企业提供税收减免、资金融通等政策，调动企业与职业院校合作的积极性。职业院校要加强对协同机制的研究，通过定期协调和沟通解决校企合作中的难题。二是完善"双师型"教师激励考核机制。建立监督机制，推动教师与企业骨干员工之间的岗位互换，推动双向兼职机制的实施。教师在企业中的实践成果要作为其年度绩效考核的一个重要指标。学校要加强对"双师型"教师的激励，对在企业中兼职并从事项目研发、技术攻关等活动，取得一定成绩的教师，给予其一定的物质奖励，来提升教师工作积极性。另外，还可以与教师职称评定、项目申报挂钩，不断提升"双师型"教师队伍建设效果。

参 考 文 献

[1] 李玉萍."双师型"视域下高职院校教师在职培养困境研究[M].合肥：中国科学技术大学出版社,2018:82-93.

[2] 刘琴.信息化背景下现代职业教育"双师型"教师培育研究[M].北京：高等教育出版社,2018:122-154.

[3] 左彦鹏.高职院校"双师型"教师专业素质研究[M].广州：暨南大学出版社,2017:73-94.

[4] 梁成艾.职业学校"双师型"教师专业化发展论[M].成都：西南交通大学出版社,2014:189-192.

[5] 邓欣.高职院校"双师型"教师队伍建设探究[M].北京：中国戏剧出版社,2013:136-150.

[6] 李梦卿.双师型职教师资培养制度研究[M].武汉：华中科技大学出版社,2012:54-63.

[7] 吴全全.职业教育"双师型"教师基本问题研究：基于跨界视域的诠释[M].北京：清华大学出版社,2011:172-180.

[8] 詹先明."双师型"教育发展论[M].合肥：合肥工业大学出版社,2010:89-101.

[9] 李景初.酒店管理专业"双师型"教师的培养[J].文教资料,2019(1):150-152.

[10] 刘爽.民办高校"双师型"教师队伍培养模式研究[J].黑龙江科学,2019(1):46-47.

[11] 张欣婷,吴倩倩,李妍.应用型民办本科高校"双师型"教师队伍建设

研究 [J]. 黑龙江科学,2019(1):52-53.

[12] 潘建萍,钟禹霖,凌志杰. 校企合作背景下卫生类高职学生核心职业能力双向培养的实践探索 [J]. 卫生职业教育,2019(2):60-62.

[13] 徐佳丽. 高职院校双师型教师培养现状及建议——以江西 A 校为例 [J]. 当代教育实践与教学研究,2019(1):66.

[14] 杨林钟. 关于中职学校"双师型"教师评价与认定的探索 [J]. 中国多媒体与网络教学学报 (中旬刊),2019(1):44-47.

[15] 曾娅丽,高慧,傅冬. 高职院校探索学历加实践的双师型教师培养路径分析——以新疆石河子职业技术学院为例 [J]. 现代商贸工业,2019(4):171.

[16] 傅冬,曾娅丽,高慧. 高职院校"双师型"教师队伍建设的问题与对策 [J]. 现代商贸工业,2019(4):107.

[17] 刘海宏. 教师专业化理论视角下的应用型院校"双师型"教师队伍建设 [J]. 教育与职业,2019(2):70-72.

[18] 杨永明. 三维视角下应用型院校"双师型"教师专业发展困境与出路 [J]. 教育与职业,2019(2):73-75.

[19] 孟志刚. 高职院校"双师型"教师队伍建设的困境与对策 [J]. 厦门城市职业学院学报,2019(1):6-11.

[20] 杜思逸. 基于校企合作"双师型"师资队伍培养模式创设 [J]. 教育现代化,2018(53):134-135.

[21] 郭会灿,牛彦飞,李玉田. 混合所有制高职院校"双师型"教师队伍建设 [J]. 石家庄职业技术学院学报,2018(6):32-34.

[22] 陆怡君. 转型院校人力资源管理专业"双师型"教师队伍建设研究 [J]. 南方农机,2018(24):31.

[23] 刘家嘉."一带一路"背景下"双师型"外语师范人才的培养 [J]. 天津职业技术师范大学学报,2018(4):68-72.

[24] 管玉婷. 我国高职院校"双师型"师资队伍建设存在的问题与对策 [J]. 河南科技学院学报,2018(12):51-55.

[25] 李长保."双创"背景下独立学院"双师型"师资培养及模式创新研究

[J]．黑龙江教育学院学报,2018(12):19-21．

[26] 王琼．校——园合作培养"双师型"教师的问题及对策——以高校学前教育专业为例[J]．河北广播电视大学学报,2018(6):79-82．

[27] 李珍．基于产教融合的中职学校教学改革实践分析[J]．西部素质教育,2018(24):220．

[28] 刘永明,胡灿辉．新时代高职院校国际化师资培养途径[J]．创新与创业教育,2018(6):149-152．

[29] 石荣．基于应用型的"双师型"计量经济学教师队伍研究[J]．经济研究导刊,2019(2):162-163．

[30] 陈斐．职业院校"双师型"队伍建设存在的问题及对策[J]．现代交际,2019(1):159-160．

[31] 牟善德,张良．创建优质高职院校背景下高水平教师队伍建设研究[J]．人才研究,2017(00):209-214．

[32] 孟俊焕,柳永亮,吴延霞．交通运输(车联网)专业企校合作的"双师型"教师培养与实践[J]．新西部,2017(34):58,79．

[33] 陈植乔,邱秀芳,吴浩,等．高职青年教师职业能力调查研究——以广东地区高职院校为例[J]．广东轻工职业技术学院学报,2017(04):31-35．

[34] 何懿婷．中职物流专业双师型教师队伍建设思考[J]．中国市场,2017(36):108,112．

[35] 朱爱梅,邱小龙,陆静．基于"校企双路径"高职院校"双师型"教学团队建设研究[J]．湖北函授大学学报,2017(24):9-11．

[36] 周济川,秦海燕,于建新．双元结构教师团队的构建与运行初探[J]．河南科技学院学报,2017(12):23-25．

后　记

　　随着经济的快速发展，全球化趋势日益加快，各国都在探索全面、快速的发展道路。教育乃百年大计之事，谁取得了教育的突破创新，谁就取得了发展的制高点。所以，探索出适合自己国家教育领域方面的道路至关重要、迫在眉睫。

　　"双师型"教师概念本身是历史性产物，具有时代性特征，其内涵充满复杂性，随着我国职业教育与职业技术师范教育的发展，其称谓或将正名职业教育教师。针对发展中的"双师型"教师专业标准研究，课题组始终坚持开放性、多视角、尊重差异的原则，尝试将"双师型"教师放在广阔的视野下来认知与解读。在本书中，系统地阐述了此命题的内涵，并从多方面角度论述其重要性，根据当前中国的实际情况，具体问题具体分析，分析了"双师型"教师的培育方法、策略等。

　　本书作为2019年河北省人力资源和社会保障研究课题——校企合作、产教融合背景下基于工匠精神的河北省高校"双师型"教师培育对策研究成果，是集体智慧的结晶。自开题研究至今，历时一年，通过专家指导、深入调研、专题研讨与借鉴学习形成了本论著，凝聚了很多人的心血，在此表示深深的感谢！